PROGRAMME

GÉNÉRAL

DES COURS

DES ÉCOLES NORMALES.

A PARIS,

Le premier Pluviose, An IIIᵉ. de la République.

On ne trouvera point dans ce programme général les programmes particuliers des professeurs Thouin et Bernardin - Saint - Pierre. *Le premier , chargé par le gouvernement d'une mission dans la Belgique , n'a pu se trouver à l'ouverture des Ecoles Normales. Le second , occupé à composer des élémens de morale républicaine , a annoncé que ses leçons ne commenceroient que lorsque son ouvrage seroit terminé , c'est - à - dire , dans trois mois. Leurs programmes seront donc imprimés et distribués à part.*

FAUTES A CORRIGER.

Pag. 14 , lig. 20 , de ou ; lisez : ou de. — Pag. 25 , lig. 4 , des compositions ; lisez : des décompositions. — Pag. 26 , lig. 17 , de la combinaison ; lisez : de la composition. — *Même page* , lig. 22 , les gas azote ; lisez : le gaz azote.

PROGRAMME

GÉNÉRAL

DES ÉCOLES NORMALES.

IL entroit dans le dessein de la Convention Nationale de donner au Peuple Français un système d'instruction digne de ses nouvelles destinées ; mais les instituteurs et les professeurs manquoient pour l'exécution d'un si grand dessein. La Convention a voulu former des instituteurs et des professeurs pour toute l'étendue de la république.

Tel est le but de l'établissement des *Ecoles Normales*.

Dans les autres écoles, on enseigne seulement les branches diverses des connoissances humaines : dans les Ecoles Normales on professera principalement l'art de les enseigner. On exposera les connoissances les plus utiles dans chaque genre, et on insistera sur la méthode de les exposer. C'est là ce qui distinguera essentiellement les *Ecoles Normales* ; c'est là ce qui remplira le nom qu'on leur a donné.

On ne parlera point ici des professeurs ; ils seroient mal choisis si on avoit besoin d'en parler : plusieurs sont connus pour avoir créé ou perfectionné les *méthodes* qui ont fait faire aux sciences de nouveaux progrès, ou qui en ont rendu l'acquisition plus facile. Ce genre de mérite, le plus haut degré du talent, étoit un mérite nécessaire dans les professeurs des Ecoles Normales.

A *

Ces caractères, la plupart si nouveaux, ne sont pas les seuls que les Ecoles Normales doivent présenter.

Dans les autres écoles, les seuls professeurs parlent, et une seule fois, sur chaque partie d'une science.

Dans les autres écoles, ce que disent les professeurs ne laisse de traces que dans la mémoire des auditeurs ; et les auditeurs peuvent mal entendre et mal comprendre : leur mémoire peut retenir imparfaitement, incomplettement.

On a voulu que dans les Ecoles Normales ce qui n'auroit pas été bien entendu ou bien retenu en écoutant les professeurs, pût l'être en les lisant.

On a voulu que ce qui n'auroit pas été suffisamment éclairci ou compris dans leur première séance, pût l'être dans une seconde.

On a voulu que le professeur présentât dans chaque genre, la science et la méthode, et que l'école toute entière les discutât.

On a voulu que l'initiative et la présidence de la parole appartinssent aux professeurs exclusivement, et que le droit de parler pour interroger les lumières des professeurs, ou pour communiquer leurs propres lumières, appartînt à tous les élèves.

On a voulu que les lumières qui seroient apportées aux Ecoles Normales, et celles qui y seroient nées, ne fussent pas renfermées dans leur enceinte ; et que, presqu'au même instant, elles fussent répandues sur toutes les autres écoles et sur toute la France.

Voici les moyens très-simples que le comité d'instruction publique a cru devoir prendre pour opérer tous ces effets.

Des sténographes, c'est-à-dire des hommes qui écrivent aussi vite qu'on parle, seront placés dans l'enceinte des Ecoles Normales ; et tout ce qui y sera dit, sera écrit et recueilli pour être imprimé et publié dans un journal.

Dans une première séance, les professeurs parleront seuls : dans la séance suivante des mêmes cours, on traitera les mêmes objets, et tous les élèves pourront parler. Le journal Sténographique leur aura remis sous les yeux, un ou deux jours à l'avance, ce que les professeurs auront dit dans la séance précédente. Tantôt ils interrogeront le professeur, tantôt le professeur les interrogera ; tantôt il s'établira des conférences entre les élèves et les professeurs, entre les élèves et les élèves, entre les professeurs et les professeurs.

Par le concours et par l'ensemble de ces moyens, avant de passer d'un objet à l'autre, on portera toujours sur celui qu'on a déjà vu, ce second coup d'œil nécessaire pour donner aux idées, de la netteté, de la fermeté et de l'étendue.

L'enseignement ne sera point le résultat du travail d'un seul esprit, mais du travail et des efforts simultanés de l'esprit de douze à quinze cents hommes.

Les sciences s'enrichiront à-la-fois, et des fruits préparés et lentement mûris de la méditation, et des créations soudaines et inattendues de l'improvisation.

Un très-grand nombre d'hommes destinés à professer les diverses sciences, s'exerceront à ce talent de la parole avec lequel seul, le génie et les lumières des professeurs passent rapidement dans les élèves.

Le style a, plus que la parole, de cette précision exacte sans laquelle il n'y a point de vérité ; et la parole a, plus que le style, de cette chaleur fécondante sans laquelle il y a bien peu de vérités.

L'organisation de l'enseignement dans les Ecoles Normales, fournira peut-être les moyens de corriger la parole par le style, et d'animer le style par la parole ; et ces deux instrumens de la raison humaine employés tour-à-tour et perfectionnés l'un par l'autre, seront tous les deux plus propres à perfectionner la raison elle-même.

La parole a dominé chez les anciens ; elle a produit les beau-tés, et les égaremens de leur génie ; le style a dominé chez les modernes ; il a produit la puissance rigoureuse de leur génie, et sa sécheresse : l'emploi successif de l'un et de l'autre sera

A 2 *

peut-être le moyen de réunir ce qu'il y a de plus éminemment utile dans le génie des modernes, et ce qu'il y a eu de plus beau dans le génie des anciens.

Tous les professeurs ont l'habitude de méditer et d'écrire dans le silence du cabinet, et presque tous parleront pour la première fois dans une grande assemblée : un pareil essai les auroit trop effrayés s'ils avoient pu avoir une autre ambition que celle d'être utiles.

MATHÉMATIQUES.

LAGRANGE.
LAPLACE.

LA considération des grandeurs a fait découvrir des théorèmes et des méthodes, dont l'ensemble forme les mathématiques. En observant ce que les résultats particuliers avoient de commun entr'eux, on est successivement parvenu à des résultats fort étendus, et les sciences mathématiques sont à-la-fois devenues plus générales et plus simples. Leur domaine s'est considérablement accru par leur application aux phénomènes de la nature, phénomènes qui sont les résultats mathématiques d'un petit nombre de lois invariables. En même tems que cette application a perfectionné les sciences naturelles, elle a ouvert de nouvelles routes dans l'analyse : c'est ainsi que les sciences par leur rapprochement, se prêtent de mutuels secours. Présenter les plus importantes découvertes que l'on ait faites dans les sciences, en développer les principes, faire remarquer les idées fines et heureuses qui leur ont donné naissance, indiquer la voie la plus directe qui peut y conduire, les meilleures sources où l'on peut en puiser les détails, ce qui reste encore à faire, la marche qu'il faut suivre pour s'élever à de nouvelles découvertes ; tel est l'objet de l'École Normale, et c'est sous ce point de vue que les mathématiques y seront envisagées.

On exposera d'abord la manière ingénieuse par laquelle, au moyen d'un petit nombre de caractères, on peut facilement exprimer tous les nombres, et faire sur eux les opérations les plus usuelles de l'arithmétique. On fera sentir l'avantage de la division de toutes les espèces d'unité en parties décimales. En traitant des progressions arithmétiques et géométriques, on insistera sur la combinaison heureuse que l'on a faite de ces deux progressions, pour former les logarithmes, l'une des inventions les plus belles et les plus utiles de l'esprit humain.

La considération des nombres, indépendamment de leur valeur et de tout système de numération, a fait naître l'algèbre que Newton a nommée, par cette raison, arithmétique universelle. Son objet est la grandeur conçue de la manière la plus abstraite. On a d'abord considéré ainsi les quantités, ensuite leurs puissances, et généralement toutes leurs manières d'être. On les a désignées par des caractères fort simples, et ces notations qui semblent être peu de chose en elles-mêmes, ont beaucoup influé sur les progrès de l'analyse, en donnant au langage algébrique cette généralité et cette extrême concision, d'où résulte la facilité de saisir et de combiner les rapports les plus compliqués des objets. Traduire en langage algébrique, c'est former des équations. L'art de mettre les problèmes en équations, et de choisir convenablement les inconnues pour arriver aux solutions les plus élégantes, dépend de l'adresse de l'analyste. L'algèbre donne ensuite pour résoudre ces équations, des méthodes rigoureuses ou approchées. On exposera les principes de ces méthodes et ce que l'on a découvert de plus intéressant sur la nature des équations.

Les grandeurs que l'arithmétique et l'algèbre considèrent, sont des abstractions de l'entendement, et ces deux sciences sont entièrement son ouvrage. Nous ne connoissons que deux

grandeurs réelles , l'étendue et la durée ; elles sont l'objet de
la géométrie et de la mécanique. Les propriétés de l'étendue
considérée simplement comme figurée , appartiennent à la
géométrie. On donnera les principaux théorèmes sur les lignes ,
les surfaces et les solides. On indiquera leurs applications les
plus utiles , et l'on fera remarquer dans les démonstrations de
quelques - uns de ces théorèmes , le germe du calcul infi-
nitésimal.

L'un des plus féconds rapprochemens que l'on ait faits dans
les sciences , est l'application de l'algèbre à la théorie des
courbes. On développera leur formation et leurs propriétés
principales. La recherche de ces propriétés a conduit à l'analyse infinitésimale dont la découverte a changé la face des
mathématiques. On exposera les vrais principes de cette analyse, et l'on fera connoître à ce sujet , le calcul aux différences
finies ; ensuite, on présentera quelques observations sur l'analyse et la synthèse, et sur les avantages propres à chacune de
ces méthodes.

Dans l'infinie variété des mouvemens qui ont lieu sur la
terre , on est parvenu à découvrir les loix générales que la
matière suit constamment dans ces phénomènes. L'importance
de ces lois dont nous dépendons sans cesse , auroit dû ex-
citer la curiosité dans tous les tems ; cependant , par une in-
différence trop ordinaire à l'esprit humain , elles ont été igno-
rées jusqu'au commencement du dernier siècle , époque à laquelle Galilée jetta les premiers fondemens de la science du
mouvement , par ses belles découvertes sur la chûte des corps.
Les géomètres en marchant sur les traces de ce grand homme ,
ont porté cette science au plus haut degré de perfection dont
elle paroît susceptible.

On développera les lois de la composition des forces : en
examinant les conditions de l'équilibre dans les principales
machines, on les ramenera toutes à une seule dont l'énoncé forme

le principe des vitesses virtuelles, et qui renferme de la manière la plus générale ce qui est nécessaire pour déterminer l'équilibre d'un système quelconque de corps solides et fluides. On fera connoître l'ingénieux principe au moyen duquel d'Alembert a ramené les lois du mouvement des corps, à celles de leur équilibre : en combinant ce principe avec celui des vitesses virtuelles, on réduira la mécanique entière à la pure analyse. On exposera les principes généraux de cette science et quelques-uns de ses résultats les plus remarquables, tels que les lois de la communication du mouvement, celles des mouvemens accélérés par l'action de la pesanteur, et des oscillations des pendules simples et composés.

C'est dans les espaces célestes que les lois du mouvement s'observent avec le plus de précision. Tant de circonstances en compliquent les résultats sur la terre, qu'il est difficile de les démêler, et plus difficile encore de les assujétir au calcul. Mais les corps du système solaire, soumis à l'action d'une force principale dont il est aisé de calculer les effets, ne sont troublés dans leurs mouvemens respectifs que par des forces bien connues, et toujours assez petites pour que l'analyse ait pu déterminer les changemens que la suite des tems a produits et doit amener encore dans ce système. Il y a extrêmement loin de la première vue du ciel, à cette vue générale qui embrasse à-la-fois les états passés et futurs du système du monde. Pour y parvenir, il a fallu observer les astres pendant un grand nombre de siècles ; reconnoître les mouvemens réels de la terre dans les apparences que ces corps nous présentent ; s'élever aux lois des mouvemens planétaires, et de ces lois, au principe de la pesanteur universelle ; redescendre ensuite de ce principe, à l'explication complette de tous les phénomènes célestes jusque dans leurs moindres détails. Voilà ce que l'esprit humain a fait dans l'astronomie. Le tableau de ces découvertes aura le double avantage d'offrir un grand ensemble de vérités intéressantes, et la vraie méthode dans la recherche des lois de la nature.

Enfin, on donnera les principes de la théorie des probabilités. Dans un tems ou tous les citoyens sont appellés à décider du sort de leurs semblables, il leur importe de connoître une science qui fait apprecier aussi exactement qu'il est possible, la probabilité des témoignages, et celle qui resulte des circonstances dont les faits sont accompagnés : il importe sur tout, de leur apprendre à se défier des apperçus même les plus vraisemblables ; et rien n'est plus propre à cet objet que la théorie des probabilités dont souvent les résultats rigoureux sont contraires à ces apperçus. D'ailleurs, les nombreuses applications de cette théorie, aux naissances, aux mortalités, aux élections et aux assurances, applications qu'il est avantageux de perfectionner et d'étendre à d'autres objets, la rendent une des parties les plus utiles des connoissances humaines.

PHYSIQUE.

H A Ü I. — LA physique a pour objet la connoissance des phénomènes de la nature, et des lois dont ils dépendent. Elle diffère de l'histoire naturelle dont le but est de décrire les êtres, et d'indiquer les caractères qui peuvent servir à les reconnoître et à les distinguer les uns des autres. Le naturaliste cherche dans l'aspect des individus des points de comparaison, propres à établir leur classification ; le physicien, par le rapprochement des faits observés, parvient à les lier ensemble dans une même théorie.

L'enseignement

L'enseignement de la physique circonscrit dans ses justes bornes, relativement aux écoles primaires, se réduit à une exposition simple et élémentaire des principaux phénomènes de la nature. L'art de l'instituteur consistera à profiter, et de l'attrait qu'a par lui-même tout ce qui tient à la contemplation de la nature, et de l'avantage qui résulte des notions que la plupart des hommes ont acquises par l'observation journalière des phénomènes. Le livre de la nature est sans cesse ouvert sous leurs yeux : ils y ont lu et compris ce qui n'excède pas leurs facultés ; et cette espèce d'instruction ébauchée qui ne leur a rien coûté, fournit une facilité de plus pour les conduire à la connoissance de ce que le livre peut encore leur offrir d'intelligible. L'instituteur, pour rendre ses explications palpables aux élèves, usera de comparaisons tirées d'objets familiers : souvent il leur montrera à travers un fait très-ordinaire, la cause d'un phénomène qui leur sembloit un paradoxe, et fera succéder à la surprise qu'il excitoit en eux celle de voir combien l'explication en est simple et facile à saisir. Ces connoissances auxquelles l'intelligence des élèves s'ouvrira comme d'elle-même, lorsqu'elles lui seront présentées sous une forme populaire, se changeront ainsi en un puissant instrument, pour cultiver leur raison, pour former et développer leur jugement, et par là même les mettre à portée de servir plus utilement la patrie. Elles deviendront pour eux un double bienfait, digne à-la-fois de toute la reconnoissance de l'homme et du citoyen.

Mais l'enseignement versé avec mesure dans l'intelligence de l'élève doit partir d'une source riche et abondante. Il faut que l'instituteur plane au-dessus de son instruction, et qu'il se soit élevé assez haut pour distinguer, parmi toutes les routes qui peuvent conduire au but, celle qui est à-la-fois la plus directe et la plus facile. C'est d'après cette considération, que nous nous occuperons de donner le déveluppement convenable aux théories relatives à notre sujet.

Voici l'ordre dans lequel nous avons cru devoir le distribuer, en mettant à part ce qui rentre plus spécialement dans le domaine de la chimie et dans celui des sciences physico-mathématiques.

Après une exposition succincte des propriétés les plus générales des corps, nous considérerons les principaux phénomènes que présentent les corps solides. Un des résultats les plus remarquables de la force d'affinité qui agit dans la formation de ces corps, est l'arrangement symétrique de leurs molécules sous des formes géométriques, lorsque les circonstances favorisent cette symétrie. Ces formes méritent l'attention du physicien, soit en elles-mêmes, soit par leur diversité relativement à une même substance. On exposera la théorie qui sert à lier toutes celles qui appartiennent à un même genre de crystallisation, d'après une combinaison de molécules similaires d'une figure très-simple, soumise à des lois également simples et régulières.

Tous les corps solides sont susceptibles d'acquérir une augmentation plus ou moins sensible de volume, par l'action de la chaleur qui tend à les dilater. On fera connoître les effets de cette dilatation relativement à différentes espèces de substances.

Le calorique accumulé dans un corps solide, jusqu'au point de balancer l'effet de l'affinité jointe à la pression des fluides environnans, détermine le passage de ce corps à l'état de liquidité, et ce nouvel état du corps peut de même subsister entre certaines limites, avec de nouveaux degrés de dilatation. C'est sur ce principe qu'est fondée la construction du thermomètre, dont on donnera la description avec l'indication de ses usages. Un autre phénomène que présentent les liquides, et qui semble s'écarter des lois ordinaires de l'hydrostatique, est leur ascension au-dessus du niveau dans les tubes capillaires, à laquelle le mercure fait une double exception, dans quelques circonstances, en s'abaissant au contraire au-dessous du sien. On ramènera l'explication de ces effets à l'attraction qui en est la véritable cause.

Le dernier résultat de l'accumulation du calorique dans un corps, est de le convertir en fluide élastique. On expliquera à ce sujet les effets de la force de l'eau en vapeurs, appliquée au jeu des pompes à feu.

Parmi les corps qui retournent à l'état de solidité, par une soustraction d'une partie du calorique interposé entre leurs molécules, on considérera particulièrement les substances métalliques qui se crystallisent en se refroidissant, et l'eau qui dans le même cas se convertit en glace.

De la considération de ces phénomènes, dont l'existence pour être générale ne dépend que de certaines conditions, on passera à celle des phénomènes particuliers à certains corps, et en premier lieu, à l'air athmosphérique. On prouvera la pesanteur de ce fluide, son ressort, et les effets de sa pression pour faire monter et descendre le mercure dans le baromètre, ce qui conduira à expliquer les variations de l'air athmosphérique lui-même. On déduira de la faculté dissolvante de ce fluide par rapport à l'eau, et de l'action variable de la force qui le comprime, la formation des nuages ou des brouillards, celle de la pluie et de certains vents irréguliers ; puis, on essayera de faire voir comment l'eau des nuages abandonnée par l'air, peut se convertir, suivant les circonstances, en neige ou en grêle.

L'air sera ensuite considéré comme véhicule du son, et l'on en prendra occasion d'envisager les corps sonores comme générateurs des sons comparables, au moyen des nombres de vibrations qu'ils produisent dans le même tems.

Suivront les phénomènes dus à la lumière. Après avoir fait connoître les lois de la réflexion et de la réfraction, on exposera les découvertes de Newton sur la nature de la lumière considérée comme composée d'une infinité de rayons de différentes nuances de couleurs, et diversement réfrangibles ; l'explication que ce célèbre géomètre en a déduite de l'arc-enciel ; les conséquences que lui ont fournies ses expériences sur les anneaux colorés, par rapport à la coloration des différens corps de la nature ; la manière dont il explique, d'après les réflexions multipliées de la lumière au passage d'une substance dans une autre d'une densité différente, la principale cause de l'opacité des corps, et la succession de la transparence à l'opacité, par l'intromission d'un fluide dont la densité se rapproche de celle du corps imbibé de ce fluide ; enfin, la comparaison entre les puissances réfractives et les densités des corps, d'après laquelle Newton avoit entrevu la combustion du diamant, et l'existence d'un principe inflammable dans l'eau.

De là on passera aux phénomènes de la vision, soit naturelle, soit aidée par l'art ; et à l'égard de ce dernier objet, on considérera successivement les effets des miroirs, et ceux des verres qui, au moyen de leur courbure, servent à étendre la portée de notre vue ou remédient à ses défauts. On exposera le principe sur lequel est fondée la construction des lunettes achromatiques, d'après le rapport variable, pour les différentes espèces de verre, entre la réfraction moyenne et la dispersion de la lumière ; et pour ne rien omettre de ce qu'il y a d'intéressant dans un sujet si varié, on développera le phénomène de la double réfraction que subit la lumière, en pénétrant certaines pierres transparentes.

Il ne restera plus qu'à considérer les effets dûs à certaines forces particulières qui sollicitent les corps électriques et magnétiques. On ramènera les phénomènes électriques à la repulsion et à l'attraction qui ont lieu, suivant que les électricités sont homogènes ou contraires ; et l'on adoptera la manière la plus plausible d'expliquer ces effets, d'après l'idée de deux fluides tels, que les molécules de chacun se repoussent mutuellement et attirent celles de l'autre fluide, en raison inverse du quarré de la distance. On fera connoître l'expérience à-la-fois ingénieuse et décisive qui établit l'existence de cette loi. On joindra aux phénomènes qui résultent de l'électricité acquise par frottement ou par communication, ceux qu'elle produit à l'aide de la simple chaleur, relativement à certains corps naturels. On exposera les preuves qui établissent l'identité de la matière électrique avec celle du tonnère, ce qui conduira à décrire la construction et les effets des paratonnères.

Le rapprochement entre les corps idio-électriques et les aimans servira à lier la théorie du magnétisme à celle de l'électricité, d'après une idée semblable sur l'existence et les actions simultanées de deux fluides soumis aux mêmes lois que ceux qui composent le fluide électrique. On déduira de cette idée l'explication des attractions et répulsions des aimans, et celle des différentes manières de communiquer au fer la vertu magnétique, parmi lesquelles on indiquera la méthode qui paroît mériter la préférence. Enfin on exposera tout ce que l'observation nous a appris sur les variations des aiguilles de boussole, relativement à un même lieu ou à différens points du globe.

Nous joindrons à l'exposition des phénomènes les expériences nécessaires pour en faciliter l'intelligence, ou pour établir les théories qui serviront à les expliquer.

GÉOMÉTRIE-DESCRIPTIVE.

MONGE. Pour tirer la Nation Française de la dépendance où elle a été jusqu'à présent de l'industrie étrangère, il faut premièrement diriger l'éducation nationale vers la connoissance des objets qui exigent de l'exactitude, ce qui a été totalement négligé jusqu'à ce jour, et accoutumer les mains de nos artistes au maniement des instrumens de tous les genres qui servent à porter la précision dans les travaux, et à mesurer ses différens degrés ; alors les consommateurs devenus sensibles à l'exactitude, pourront l'exiger dans les divers ouvrages, y mettre le prix nécessaire, et nos artistes familiarisés avec elle dès l'âge le plus tendre, seront en état de l'atteindre.

Il faut en second lieu rendre populaire la connoissance d'un grand nombre de phénomènes naturels, indispensables aux progrès de l'industrie, et profiter, pour l'avancement de l'instruction générale de la nation, de cette circonstance heureuse dans laquelle elle se trouve, d'avoir à sa disposition les principales ressources qui lui sont nécessaires.

Il faut enfin répandre parmi nos artistes la connoissance des procédés des arts, et celle des machines qui ont pour objet de ou diminuer la main-d'œuvre, ou de donner aux résultats des travaux plus d'uniformité et plus de précision ; et à cet égard, il faut l'avouer, nous avons beaucoup à puiser chez les nations étrangères.

On ne peut remplir toutes ces vues qu'en donnant à l'éducation nationale une direction nouvelle.

C'est d'abord en familiarisant avec l'usage de la géométrie-descriptive tous les jeunes gens qui ont de l'intelligence, tant ceux qui ont une fortune acquise, afin qu'un jour ils soient en état de faire de leurs capitaux un emploi plus utile et pour eux et pour la nation, que ceux-mêmes qui n'ont d'autre fortune que leur éducation, afin qu'ils puissent un jour donner un plus grand prix à leur travail.

Cet art a deux objets principaux.

Le premier est de représenter avec exactitude sur des dessins qui n'ont que deux dimensions, les objets qui en ont trois et qui sont susceptibles de définition rigoureuse.

Sous ce point de vue, c'est une langue nécessaire à l'homme de génie qui conçoit un projet, à ceux qui doivent en diriger l'exécution, et enfin aux artistes qui doivent eux-mêmes en exécuter les différentes parties.

Le second objet de la géométrie-descriptive est de déduire de la description exacte des corps, tout ce qui suit nécessairement de leurs formes et de leurs positions respectives. Dans ce sens, c'est un moyen de rechercher la vérité; elle offre des exemples perpétuels du passage du connu à l'inconnu, et parce qu'elle est toujours appliquée à des objets susceptibles de la plus grande évidence, il est nécessaire de la faire entrer dans le plan d'une éducation nationale. Elle est non-seulement propre à exercer les facultés intellectuelles d'un grand peuple, et à contribuer par là au perfectionnement de l'espèce humaine, mais encore elle est indispensable à tous les ouvriers dont le but est de donner aux corps certaines formes déterminées; et c'est principalement parce que les méthodes de cet art ont été jusqu'ici trop peu répandues, ou même presqu'entièrement négligées, que les progrès de notre industrie ont été si lents.

On contribuera donc à donner à l'éducation nationale une direction avantageuse, en familiarisant nos jeunes artistes avec l'application de la géométrie-descriptive aux constructions gra-

phiques qui sont nécessaires au plus grand nombre des arts,
et en faisant usage de cette géométrie pour la représentation
et la détermination des élémens des machines, au moyen des-
quelles l'homme mettant à contribution les forces de la nature ne se réserve, pour ainsi dire, dans ses opérations,
d'autre travail que celui de son intelligence.

Il n'est pas moins avantageux de répandre la connoissance des
phénomènes de la nature qu'on peut tourner au profit des arts.

Le charme qui les accompagne pourra vaincre la répugnance
que les hommes ont en général pour la contention d'esprit, et
leur faire trouver du plaisir dans l'exercice de leur intelligence,
que presque tous regardent comme pénible et fastidieux.

Ainsi, il doit y avoir à l'Ecole Normale un cours de géométrie-
descriptive.

Mais comme nous n'avons sur cet art aucun ouvrage élémentaire bien fait, soit parce que jusqu'ici les savans y ont mis
trop peu d'intérêt, soit parce qu'il n'a été pratiqué que d'une
manière obscure par des citoyens dont l'éducation n'avait pas
été assez soignée, et qui ne savoient pas communiquer les résultats de leurs méditations, un cours simplement oral seroit
absolument sans effet.

Il est donc nécessaire que pour le cours de géométrie-descriptive, la pratique et l'exécution soient jointes à l'audition des
méthodes.

Ainsi, ceux des citoyens dont les études antérieures auroient
été dirigées vers la géométrie ou vers les autres sciences exactes,
seront exercés dans des salles particulières aux constructions
graphiques de la géométrie-descriptive.

Cet art a deux parties distinctes. L'une a pour but de représenter, au moyen des projections, sur des feuilles de
dessin qui n'ont que deux dimensions, des objets qui en ont
trois, et qui sont susceptibles d'une définition rigoureuse.
Le but de l'autre est de savoir déduire de la description exacte

des

des objets, tout ce qui résulte nécessairement de leurs formes particulières et de leurs positionsrespectives. Ces deux parties de l'art ont des méthodes générales avec lesquelles les citoyens se familiarisent par l'usage de la régle et du compas , et sans lequel il seroit difficile qu'ils se missent en état de l'enseigner eux-mêmes.

Parmi les differentes applications que l'on peut faire de la méthode des projections, il y en a deux qui sont remarquables , et par leur généralité , et par ce qu'elles ont d'ingénieux. Ce sont les constructions de la perspective, et la détermination rigoureuse des ombres dans les dessins. Ces deux parties peuvent être considérées comme le complément de l'art de décrire les objets. On y exercera ces citoyens, parce qu'étant destinés à enseigner un jour les procédés de la géométrie-descriptive , il est nécessaire qu'ils en connoissent toutes les ressources.

Ensuite, on appliquera la méthode des projections aux constructions graphiques, nécessaires au plus grand nombre des arts , tels que les traits de la coupe des pierres , ceux de la charpenterie , etc.

Enfin , le reste de la durée du cours sera employé, d'abord à la description des élémens des machines, afin d'en étudier les formes et les effects , et ensuite à celle des machines dont il est le plus important de répandre la connoissance , soit que les machines ayent pour objet de donner au travail plus de précision et plus d'uniformité , soit qu'elles ayent pour but d'employer à la production d'un certain travail les forces de la nature , et par là d'augmenter la puissance nationale.

HISTOIRE NATURELLE.

Pour donner une idée juste de l'histoire naturelle, le professeur expliquera ce que l'on doit entendre par le mot *nature*. Il exposera les rapports de l'histoire naturelle avec les sciences qui en dérivent, et les limites qui l'en séparent. Il indiquera les différences qui doivent être entre les recherches du naturaliste, et celles des anatomistes, des botanistes, des chimistes, des agriculteurs, des officiers de santé, etc.

Le professeur donnera les règles de l'art ingénieux que les naturalistes modernes ont inventé pour distinguer les différentes productions de la nature. Cet art qui manquoit aux anciens, est très-nécessaire pour faciliter l'étude ; il semble diminuer le nombre des êtres bruts et des êtres organisés, en les distribuant en classes, genres et espèces ; mais il est sujet à des erreurs qui demandent la plus grande attention, en composant ces méthodes et en les mettant en pratique.

La discussion des caractères distinctifs qui sont le fondement des méthodes est très-importante, et conduit à la grande question de l'ordre direct, pour savoir si les productions de la nature peuvent être rangées, par les rapports qu'elles ont entr'elles, sur une ligne continue, de manière que chacune ait plus de ressemblances avec celles qui l'avoisinent qu'avec toute autre. On traitera fort au long cette importante question.

Il sera nécessaire de donner des conseils pour la rédaction de l'histoire naturelle par rapport au style, et des règles sur la manière d'observer les productions de la nature, et sur les recherches que l'on est obligé de faire dans les écrits des naturalistes et dans les relations des voyageurs.

Il y a aussi beaucoup de choses à considérer pour rendre les voyages utiles à l'avancement de l'histoire naturelle et à l'instruction des voyageurs : on les dirigera pour les études qu'ils doivent faire avant de voyager, pendant leurs voyages, et après qu'ils en sont de retour. On fera voir le bien et le mal qui résultent pour les auteurs et pour la science, des hypothèses et des théories générales sur les opérations de la nature. On fera entendre aux naturalistes, qu'il est plus sage et plus sûr de ne tirer que des inductions et des conséquences des faits d'observation, qui concourent à former de bonnes preuves.

Ce qui vient d'être dit a rapport à l'histoire naturelle générale. Avant de passer aux êtres bruts et aux êtres organisés considérés en particulier, on parlera de ce qui concerne les instituteurs des écoles primaires pour la manière d'enseigner l'histoire naturelle à des enfans, et sur-tout pour répondre à leurs questions.

On donnera des règles pour l'étude et l'enseignement des corps bruts qui sont les minéraux, en traitant les articles suivans, la description de chaque minéral, les caractères distinctifs, la dénomination, la position ou la gangue et le pays, l'origine, la formation, l'accroissement, le dépérissement, et les différens états successifs, autant qu'il est possible, suivant les connoissances que l'on a sur chacun des minéraux.

On a constaté sept classes principales de substances minérales par des caractères évidens ou faciles à connoître, sans changer leur état naturel par des opérations de l'art. Ces sept substances sont le quartz, l'argile, la matière crétacée, la baryte, les sels, les matières combustibles, et les substances métalliques : on exposera leurs caractères distinctifs qui sont les élémens de la science.

La discussion des substances minérales demande un exposé des faits le mieux observés sur la formation des couches de la terre où elles résident. On rassemblera ces faits, et l'on en tirera les conséquences qui résultent du mélange des corps marins avec les terres des continens.

C 2

Le suc lapidifique fait de grands effets parmi les minéraux ; il durcit les pierres ; il forme les dépôts , les concrétions , les stalactites , les crystallisations , les pétrifications , etc : on distinguera toutes ces modifications des substances minérales.

Des auteurs célèbres ont recherché des rapports entre les corps bruts et les corps organisés , des êtres intermédiaires , qui fissent une liaison , un passage des uns aux autres. Ce préjugé pour l'ordre direct subsiste encore; on tâchera de le détruire par des preuves qui ne permettent point de répliques.

Les botanistes ne se sont occupés que de la nomenclature des plantes ; ils ont négligé les recherches qu'ils auroient pu faire sur leur organisation intérieure , et qui auroient donné les connoissances les plus intéressantes sur les végétaux et sur la végétation. Il est vrai que la nomenclature méthodique de quinze mille espèces de plantes est une grande affaire de détail ; mais elle ne doit entrer dans l'enseignement de l'Ecole Normale, que pour faire voir les tentatives que les botanistes ont faites , afin d'évaluer les caractères distinctifs des plantes, dans la vue de parvenir au but chimérique d'un système naturel. Les plus sages ont composé des familles qu'ils ont appellées naturelles , en rassemblant sous des dénominations particulières , les espèces des plantes qui ont plus de rapports entr'elles qu'avec les autres. On tirera de ce travail les moyens de reconnoître parmi les méthodes de nomenclature les plus connues, celle qui devroit être préférée aux autres.

Pour rappeler l'étude de l'organisation des plantes , on donnera une exposition anatomique des principaux organes du bois.

Un des objets les plus intéressans relativement aux caractères distinctifs, est la différence qui se trouve dans l'organisation des tiges des plantes; on en donnera les exemples les plus remarquables.

La sève est un des agens les plus puissans de la végétation : les opinions sont partagées sur son cours dans les vaisseaux ligneux qui sont aussi appellés lymphatiques. On rapportera les observations et les expériences qui ont été faites à ce sujet, et qui semblent prouver que la sève ne circule pas dans les plantes comme le sang dans les animaux, mais qu'elle a un cours ascendant, descendant, transversal et oblique dans tous les sens. On n'est pas plus d'accord sur l'origine des couches, ligneuse et corticale, qui se forment tous les ans entre l'aubier et l'écorce des arbres. Il paroît que cette production vient de la liqueur qui se répand au printemps entre l'écorce et l'aubier, et qui s'épaissit et se durcit dans la suite : elle a le nom de *cambium*. On donnera des preuves de l'activité de cette substance, par l'opération de la greffe et par la réunion des plaies des arbres.

Il y a certainement des rapports entre la physiologie des plantes et celle des animaux ; mais il est à craindre de tomber dans l'erreur en les étendant trop loin, comme il est souvent arrivé. On discutera les comparaisons que des auteurs célèbres ont faites des parties des plantes aux parties des animaux qu'ils prétendoient avoir les mêmes fonctions. Les méprises à ce sujet sont un grand obstacle à l'avancement de l'économie végétale et de l'économie animale.

Les partisans de l'ordre direct ont fait de grands efforts, pour trouver des êtres intermédiaires, qui participassent de la nature des végétaux et de celle des animaux, afin de faire un passage entre ces deux grandes classes des êtres organisés. Y a t-il une limite entre ces deux classes ? Y a t-il des êtres qui passent de l'une à l'autre par des caractères équivoques ? On exposera les raisons sur lesquelles ces deux opinions sont fondées. On verra qu'il y a plus d'intervalle entre les corps organisés et les corps bruts, qu'entre les animaux et les plantes, si l'on regarde tous les êtres organisés comme des plantes ou des animaux.

Il faut remonter jusqu'au temps d'Aristote pour trouver les premiers principes de la distribution méthodique des animaux en différens ordres. Cette distribution a été perfectionnée jusqu'à-présent; cependant le professeur d'histoire naturelle s'est vu obligé d'y faire des changemens. Au lieu de n'établir que six ordres d'animaux, il en fera huit, et il exposera les raisons qui l'ont déterminé à ce changement. Les cétacés étoient réunis dans le même ordre avec les quadrupedes vivipares; il les en a séparés, parce qu'une baleine et un éléphant sont assez différens l'un de l'autre pour n'être pas placés dans le même ordre. Celui des amphibies du système de la nature de Linné contenoit des animaux qui n'étoient pas amphibies, et qui d'ailleurs différoient trop des autres pour être mis dans un même ordre. Ce qui sera le plus à remarquer dans la nouvelle distribution méthodique des animaux, en huit ordres, est une ligne de démarcation qui a été mise entre l'ordre des poissons et celui des insectes : les motifs qui ont fait établir cette ligne seront déduits dans les leçons de l'Ecole Normale.

L'homme est debout, sans contrainte; son corps et sa tête le soutiennent en ligne verticale sur ses jambes : dans cette belle attitude il voit le ciel et la terre d'un clin d'œil. L'Etre-Suprême a donné à l'homme cette prérogative qui le distingue des animaux par sa conformation. On exposera le mécanisme qui soutient l'homme dans son attitude naturelle.

On donnera les proportions du corps humain, les extrêmes de la taille et les couleurs les plus remarquables des hommes, des observations sur les différens âges et sur la durée de la vie, sur les causes de la mort naturelle, et enfin sur les changemens qui arrivent aux cadavres dans le tombeau.

CHIMIE.

L'étude de la physique embrasse tous les phénomènes de la nature ; mais pour que l'intelligence humaine puisse s'approprier toutes les connoissances qu'on a acquises par l'observation, il faut envisager ces phénomènes sous différens points de vue, et les séparer en différentes classes : cette distribution établit l'ordre dans les idées, et facilite également la marche de l'élève qui reçoit l'instruction, et du savant qui veut se livrer à des recherches nouvelles.

BERTHOLLET.

Il y a dans la nature, des phénomènes qui dépendent des lois générales et communes à tous les corps ; tels sont ceux qui dérivent des lois du mouvement, de la pesanteur, de l'action de la chaleur : ces phénomènes sont l'objet de la physique générale.

Il y en a d'autres qui paroissent n'appartenir qu'à une certaine partie des corps, ou qui ne dépendent que de quelques conditions ; ils sont l'objet de la physique particulière ; tels sont, l'éléctricité, le magnétisme, les propriétés de la lumière et des corps sonores.

Enfin il est une classe nombreuse de phénomènes qui sont dus à l'action intime des molécules des corps.

Cette action peut dépendre de l'organisation, et les phénomènes quelle produit appartiennent à la physique animale ou à la physique végétale ; ou bien elle est independante de l'organisation, et les phénomènes qui en proviennent composent le domaine de la chimie.

L'affinité ou l'attraction chimique est le principe de l'action intime des molécules des corps, qu'on est obligé de distinguer de l'action vitale.

Cette attraction ne doit pas être confondue avec l'atttraction générale qui agit en raison inverse du quarré des distances, et qui est la cause de la pesanteur et des phénomènes célestes qu'on soumet au calcul.

Elle s'exerce à des distances insensibles : mais les attractions et répulsions apparentes des corps placés sur un fluide, proviennent d'une simple pression mécanique.

Dans un cours élémentaire de chimie, on doit parcourir successivement et faire sortir de l'expérience les propriétés chimiques des substances qui se trouvent dans la nature, en commençant par celles qui sont les plus simples.

Pour mettre de l'ordre dans les idées, on classe les substances par les propriétés qui les caractérisent de la manière la plus sensible ; ainsi l'on en fait ordinairement une première division en substances minérales, végétales et animales.

On ne doit se servir d'une substance pour agir sur celles qu'on examine successivement, qu'après avoir donné par l'expérience une connoissance exacte des propriétés par lesquelles elle doit servir d'agent.

Ainsi, les faits se lient les uns aux autres, les idées s'étendent avec les faits, et les théories s'élèvent sur la progression des expériences.

Les discussions de l'Ecole Normale ont un autre objet : on y suppose les connoissances élémentaires : ceux qui la composent, destinés à répandre les lumières sur toute la république, doivent avoir pour but de prendre des notions exactes des théories qui servent de base à tous les développemens de l'enseignement, et qui dirigent dans la méthode de conduire l'esprit aux idées générales.

C'est un tableau de ces théories qui toutes fondées elles-mêmes sur l'attraction chimique, forment l'édifice de la science

qu'on

qu'on va présenter, en fesant ressortir chacune, des faits sur lesquels elle est principalement appuyée.

L'attraction chimique est la cause immédiate des dissolutions, des combinaisons, des compositions : en se compliquant, elle produit souvent des effets qui paroissent opposés, mais qui ne sont que le résultat d'une somme plus grande de forces sur une plus foible.

Si les molécules des corps n'obéissoient qu'à cette force qui tend à les rapprocher et à les réunir, elles ne formeroient qu'une masse inerte ; mais ces molécules tendent toutes à s'éloigner les unes des autres par une autre force qui est répandue dans toute la nature, et qui est la chaleur.

Le principe de la chaleur, ou le calorique, peut être considéré comme un fluide très-élastique qui pénètre entre les molécules de tous les corps, et qui tend à les écarter. Sous ce point de vue, ses propriétés appartiennent à la physique générale.

Mais il entre lui-même dans la combinaison des corps qui agissent sur lui par une attraction chimique et qui, par elle, dominent son élasticité. Sous ce point de vue, il appartient à la chimie.

De cette propriété, dérive la distinction de la chaleur sensible et de la chaleur latente ; sur elle, pose la théorie de la chaleur spécifique et du calorique combiné, théorie qui exige une connoissance exacte du calorimètre,

L'attraction chimique luttant contre la force expansive du calorique, est donc le principe de tous les phénomènes chimiques : pour en suivre l'application, considérons les propriétés des corps les plus simples, et sur-tout de ceux qui, entrant dans la composition des autres substances, influent sur leurs propriétés.

Les corps simples, pour nous, ne doivent point être regardés comme des élémens de la matière, mais seulement comme le

D

dernier résultat auquel nous soyons parvenus par l'expérience.

Avant de parcourir les principales théories de la chimie, il convient de s'arrêter sur la nécessité d'une méthode sévère dans les expériences, afin que les conséquences ne dépassent jamais les résultats réels : toutefois, on ne doit pas bannir les conjectures, des explications chimiques; elles sont souvent l'apperçu du génie qui devance la vérité ; mais on ne doit leur donner que le degré de probabilité qui leur appartient.

L'oxigène prend, par sa combinaison avec le calorique, l'état de gaz. C'est cette espèce de combinaison avec le calorique, qui fait passer les solides à l'état fluide, et les fluides à l'état de vapeurs ou de gaz : cependant, cet effet ne doit pas être regardé comme constant. A ces phénomènes, tient la théorie des fluides élastiques et de la vaporisation.

L'oxigène forme l'eau par sa combinaison avec l'hydrogène : on discutera la théorie de la combinaison de l'eau et de sa décomposition, et celle de l'évaporation.

L'oxigène avec l'azote forme l'acide nitrique : on développera la théorie de cette formation, et des phénomènes de la poudre à canon.

Le gaz oxigène et les gas azote, simplement mêlés ou foiblement combinés, composent l'atmosphère : on détermine leurs proportions en séparant l'un des gaz de l'autre, par l'action de quelqu'affinité ; c'est de là qu'ont pris naissance les eudiomètres dont il convient de faire connoître les différences. L'atmosphère doit une grande partie des phénomènes qu'elle présente, à la dissolution de l'eau ; de là naît l'hygrométrie.

L'oxigène, avec le carbone, produit l'acide carbonique ; de cette formation et de celle de l'eau, sortent la théorie de la combustion, celle de la respiration, et l'explication des propriétés de l'acide carbonique.

L'hydrogène et l'azote forment l'ammoniaque dont on développera les propriétés.

L'hydrogène et le carbone produisent le gaz hydrogène carboné ; de là, la théorie des gaz hydrogènes composés.

La combinaison du soufre avec l'oxigène forme, selon les proportions, l'acide sulfureux et l'acide sulfurique ; elle nous conduit à la théorie de la formation des acides.

L'oxigène et l'acide muriatique donnent l'acide muriatique oxigène dont on discutera les propriétés, en insistant sur leur application aux arts.

Les alcalis fixes qu'on doit considérer, jusqu'à présent, comme des corps simples, viendront fixer notre attention : nous jetterons un coup d'œil sur leurs combinaisons avec les acides, sur l'action qu'ils exercent sur les substances animales, sur leur combinaison avec les huiles, qui donne naissance à l'art du savonnier ; enfin, sur les procédés les plus propres à extraire la soude, du sel marin, et à nous affranchir par là de la dépendance où nous sommes du commerce étranger.

Les terres simples suivront les alcalis : ici se présentent des discussions sur les propriétés qui caractérisent les terres, relativement aux différentes productions de l'agriculture, et sur les principes qui servent de base à l'art de la fabrication de la chaux, des poteries et des verreries.

Les métaux sont encore des corps simples qui forment un grand nombre de combinaisons, soit avec les autres corps simples, soit avec ceux qui sont composés.

Leur combinaison avec l'oxigène, ou leur combustion, est la source d'une classe nombreuse de phénomènes.

Les métaux oxidés se combinent avec les acides, et donnent naissance à plusieurs sels ; ils sont précipités par les alcalis et par les terres alcalines : les métaux se précipitent mutuellement de leurs dissolutions, en raison de l'affinité qu'ils ont avec l'oxi-

D 2

gène : de ces propriétés naît la théorie des dissolutions et des précipitations métalliques.

Les métaux oxidés se conduisent dans les dissolutions dont on vient de parler, à-peu-près comme les alcalis et les terres alcalines ; mais ils ont aussi la propriété de se combiner avec les alcalis, et alors il paroissent remplir les fonctions d'acides : ces considérations conduisent à la théorie de l'argent fulminant, de l'or fulminant.

Les métaux s'unissent entr'eux, non par un simple mélange, mais par une véritable combinaison ; de là viennent les amalgames et les alliages. En opposant d'autres affinités à celles par lesquelles les métaux sont unis, on opère leur séparation : de là naissent l'art des essais, l'art de départir, la purification du métal des cloches.

Les métaux combinés avec l'oxigène s'unissent encore avec d'autres corps simples, par exemple, avec le soufre ; et c'est dans cet état qu'ils se trouvent souvent dans la nature : de cette considération naît la théorie de l'art de traiter les mines.

Le fer, le plus utile des métaux, se combine avec le carbone, et il acquiert par là des propriétés nouvelles ; il forme l'acier : on déduit de cette propriété, et des proportions d'oxigène qui peuvent rester après la réduction de la mine, la théorie de la fonte, de l'affinage du fer, de l'acier de fonte et de l'acier de cémentation.

Après avoir considéré les propriétés des corps simples et de leurs combinaisons, on doit procéder à la recherche de celles des combinaisons qui sont faites par la nature, et qui sont la plupart, des produits de l'action vitale, soit dans les végétaux, soit dans les animaux.

On établira les caractères qui distinguent les substances végétales des substances animales ; on cherchera dans les principes qui les composent la cause des phénomènes de la putréfaction, et des fermentations acides et spiritueuses.

On fera voir qu'une des causes principales des changemens qu'éprouvent naturellement ces substances, est la combustion occulte, ou la combinaison lente de l'oxigène avec l'hydrogène et avec le carbone.

On déduira de là, 1°. la théorie de la chaleur animale, 2°. la théorie de la digestion.

Les parties colorantes qui animent le tableau de la nature, et dont on fait usage pour teindre les étoffes, s'altèrent et se dégradent par la combustion occulte qu'elles éprouvent : l'art des teintures consiste à les fixer sur les étoffes par un inter-médiaire qui s'oppose à cet effet, en modifiant quelquefois leurs nuances par la couleur qui lui est propre.

L'action de l'acide nitrique est analogue à celle de la com-bustion occulte ; elle servira à expliquer la formation de l'acide oxalique et les transmutations des acides végétaux.

L'acide phosphorique, qui est l'un des derniers résultats de la combustion occulte qui s'opère dans les animaux, devient la cause de plusieurs maladies.

Quelques oxides métalliques produisent des effets caustiques sur les substances animales par le moyen de l'oxigène qui s'en sépare.

Le principe astringent, dont on peut distinguer plusieurs variétés, est l'un des résultats de la combustion occulte qui s'opère dans la végétation et dans laquelle, l'hydrogène étant diminué, le carbone devient prédominant ; de là les effets de ce principe dans les teintures et dans le tannage.

L'eau, en circulant dans les corps répandus sur la surface de la terre, non-seulement se décompose, se reproduit, dis-tribue la vie ou la destruction, mais elle extrait, dissout, entraîne différentes parties qui modifient ses propriétés ; de là naissent l'art d'essayer les eaux, et celui de préparer les eaux minérales.

Ces considérations générales doivent servir à établir une théorie qui se fonde sur des faits précis, des expériences décisives, et dont les résultats ont d'autant plus de certitude qu'ils en dérivent plus immédiatement.

Mais cette théorie, pour être liée dans toutes ses parties, exige une connoissance approfondie d'un très-grand nombre de faits et d'expériences ; par conséquent une application assez longue, et une intelligence assez exercée.

C'est un avantage dans les sciences naturelles, de pouvoir ramener plusieurs faits à un fait plus général, sans s'élever cependant à cet ordre d'idées qui suppose un grand nombre de connoissances.

Il importe d'extraire de la chimie les notions partielles qui peuvent être le plus utiles à la société, pour les répandre dans les écoles primaires, et pour donner aux élèves qui en sortiront, une idée saine des phénomènes de la nature qui doivent plus particulièrement les intéresser, et une connoissance exacte des arts qui sont de première nécessité.

Ainsi, on pourra donner des notions sur la nature de l'atmosphère, sur la force dissolvante de l'air, sur la formation des météores qui en dépendent.

Il conviendra d'apprendre à distinguer les acides des alcalis, de montrer l'usage des premiers pour reconnoître les terres, et celui des derniers pour la fabrication domiciliaire du savon et du salpêtre.

La connoissance des propriétés caractéristiques des terres, peut être très-avantageuse à l'agriculture, et servir à diriger le marnage, l'emploi du sable, le choix des engrais.

Avec des argiles répandues dans un grand nombre de départemens, nous n'avons que de mauvaises poteries et des briques defectueuses : il est facile d'apprendre à choisir les argiles, et à leur donner les préparations convenables pour en obtenir de bons résultats.

Un produit des plus avantageux de l'économie rurale, c'est

le fromage ; et ses bonnes qualités sont dues en grande partie à quelques circonstances qu'il est facile de déterminer.

La bonté des vins dépend en partie de la fermentation qu'il convient de diriger selon les qualités accidentelles du raisin : il est important de faire connoître les circonstances par lesquelles on modifie la fermentation et ses produits.

L'art de diriger la chaleur dans la distillation et dans les usages domestiques , peut être soumis à des principes simples et faciles à saisir ; et de leur connoissance peut résulter une grande économie de combustible et un emploi plus avantageux de la chaleur , dans toute l'étendue de la république.

On peut choisir plusieurs autres applications de la science , relatives au lieu qu'on doit instruire , les rendre familières par quelques expériences , et faire connoître les ressources que les productions du sol offrent à l'industrie.

HISTOIRE.

L'HISTOIRE , si on la considère comme une science, diffère essentiellement des sciences exactes et naturelles : dans celles-ci les faits subsistent encore ; ils sont vivans , et l'on peut les représenter au spectateur et au témoin : dans celle-là les faits ne subsistent plus ; ils sont morts , et l'on ne peut les ressusciter devant l'auditeur, ou les confronter au témoin. Les sciences naturelles s'adressent immédiatement aux sens ; l'histoire ne s'adresse qu'à l'imagination et à la mémoire ; d'où il résulte une différence essentielle entre la certitude des faits historiques et la certitude des faits naturels ; ceux-ci, se laissant voir en personne

VOLNEY.

dans le tableau constant de l'univers ; ceux-là, n'apparoissant pour ainsi dire qu'en fantômes dans le miroir magique de l'entendement humain , où ils se plient aux projections les plus bizarres. Pour s'en faire une idée raisonnable, il est donc nécessaire de les considérer sous un double rapport : 1°. sous le rapport de leur propre essence , c'est-à-dire , sur l'analogie ou l'opposition qu'ils ont avec des faits de même espèce ; encore subsistans et connus ; ce qui constitue la probabilité ou l'invraisemblance : 2°. sous le rapport de leur narrateur et de leurs témoins examinés dans leurs facultés morales , dans leurs moyens d'instruction , d'information , et dans leur impartialité : c'est le jugement d'une double réfraction , que sa complication et sa délicatesse rendent difficile , et sujet à beaucoup d'erreurs.

Appliquant ces observations aux principaux historiens anciens et modernes, l'on examinera quel caractère présente l'histoire chez différens peuples ; quel caractere sur-tout elle a pris en Europe depuis environ un siècle. L'on fera sentir la différence notable qui se trouve dans le génie historique d'une même nation, selon les progrès de sa civilisation , selon la gradation de ses connoissances exactes ; et de ces recherches sortiront plusieurs questions importantes.

1°. Quel degré de certitude , quel degré de confiance doit-on attacher aux récits de l'histoire en général , ou dans certains cas particuliers ?

2°. Quelle importance doit on attribuer aux faits historiques , et quels avantages ou quels inconveniens résultent de l'opinion de cette importance ?

3°. Quelle utilité sociale et pratique doit-on se proposer soit dans l'enseignement , soit dans l'étude de l'histoire ?

Pour développer les moyens de remplir ce but d'utilité, l'on recherchera dans quel degré de l'instruction publique doit être placée l'étude de l'histoire ; si cette étude convient aux écoles

primaires ,

primaires , et quelles parties de l'histoire peuvent convenir selon l'âge et l'état des citoyens.

L'on examinera quels hommes doivent se livrer et quels hommes l'on doit appeller, à l'enseignement de l'histoire; quelle méthode paroît preferable pour cet enseignement ; dans quelles sources l'on doit puiser la connoissance de l'histoire, ou en rechercher les matériaux ; avec quelles précautions, avec quels moyens on doit l'écrire; quelles sont les diverses manières de l'écrire, selon ses sujets ; quelles sont les diverses distributions de ces sujets; enfin quelle est l'influence que les historiens exercent sur le jugement de la postérité, sur les opérations des gouvernemens, sur le sort des peuples.

Après avoir envisagé l'histoire comme narration de faits, envisageant les faits eux mêmes comme un cours d'expériences que le genre humain fait sur lui-même, l'on essayera de tracer un tableau sommaire de l'histoire générale , pour en recueillir les vérités les plus intéressantes. L'on suivra chez les peuples les plus célèbres la marche et les progrès,

1°. Des arts, tels que l'agriculture, le commerce, la navigation,

2°. De diverses sciences , telles que l'astronomie, la géographie, la physique.

3°. De la morale privée et publique ; et l'on examinera quelles idées l'on s'en est fait à diverses époques.

4°. Enfin l'on suivra la marche et les progrès de la législation ; l'on recherchera quel ordre de transmission ont suivi, de peuple à peuple , les principaux codes de lois religieuses et civiles; quels effets ont produit ces codes dans les mœurs et le caractère des nations ; quelle analogie les mœurs et le caractère des nations observent avec leur climat, et l'état physique du sol qu'elles habitent ; quels changemens produisent dans ces mœurs les mêlanges des races, et les transmigrations : et jettant un coup-d'œil général sur l'état actuel du globe , on proposera à l'examen ces deux questions :

E

1°. A quel degré de sa civilisation peut-on estimer que soit arrivé le genre humain ?

2°. Quelles indications générales résultent de l'histoire pour le perfectionnement de la civilisation, et l'amélioration du sort de l'espèce?

ART DE LA PAROLE.

SICARD.

LA parole, considérée comme un art, est le premier de tous, et le plus universellement utile. Elle est le caractère distinctif de l'homme, puisqu'il n'y a que lui qui s'entende et se fasse entendre, en parlant. Cet art qui étonne le philosophe qui veut remonter à son origine et suivre ses progrès, cet art sans lequel l'homme ne fût peut-être jamais sorti de l'état de barbarie où l'eût laissé le défaut de civilisation, a dû sa naissance, comme tous les autres, à l'industrie excitée par le besoin qu'éprouvèrent les premiers hommes, de se rapprocher, de se communiquer leurs idées, de correspondre, de s'entr'aider, de se discerner enfin de cette classe nombreuse d'animaux que la nature avoit placés si loin d'eux, malgré les traits de ressemblance qui paroissoient presque les confondre.

Les sensations communes à l'homme et à la brute, sembloient en effet les réunir dans l'échelle immense des êtres sensibles, et n'en former qu'une seule espèce. C'est la parole, par la perfection à laquelle l'industrie humaine l'a élevée, et par les services que l'homme en a obtenus pour ses intérêts et pour ses jouissances, qui a tracé la ligne de démarcation si bien pro-

noncée entre l'homme et les animaux, en rendant plus sensible la perfectibilité de sa nature, en le classant sans mêlange
et sans confusion, en fondant sur des bases inébranlables sa
supériorité sur tout ce qui respire.

L'homme, comme les animaux, avoit sans doute des sons
ou des cris pour exprimer le desir ou la crainte, la joie et
la douleur, etc. Mais quelle que fût la variété de ces sons,
combien étoient-ils peu capables d'exprimer en détail cette
multitude d'idées qui se présentent sans cesse à notre esprit,
à l'occasion des objets qui frappent quelqu'un de nos sens !
Qu'ils étoient encore loin, ces sons, dans cette enfance des
premières associations, de devenir l'expression fidèle, l'image
vivante de nos affections, de les transmettre telles que nous
les éprouvons, et de faire passer, sans altération, dans
l'ame de nos semblables, cette succession de sentimens qui
se nuancent en tant de manières ! Combien les moyens de so-
ciabilité et les charmes que les hommes trouvent dans la communication mutuelle de leurs pensées, auroient-ils été resserrés
dans cette sphère ainsi circonscrite, si l'homme n'eût trouvé l'art
de combiner ces sons, de les multiplier et de leur donner une
fécondité égale à celle de ses besoins ! Telle est la magie des sons
articulés, et de leur combinaison. L'homme, privé de ce moyen
de communication, fût resté l'homme de la nature. Des signes
d'instinct l'auroient laissé presque dans la classe des animaux.

Le professeur aura soin de présenter le tableau de l'homme
privé de la parole, ou chez lequel la parole n'est encore qu'une
faculté, et non un art.

Les sons articulés ne furent d'abord qu'une simple nomenclature, des mots isolés comme les objets qui s'offroient à nos
sens, des membres de diverses familles épars et sans intérêt
commun, des expressions vagues qui confondoient les qualités
des corps avec les corps eux-mêmes, faute de connoître l'art
des abstractions, et par conséquent celui de généraliser les idées

pour classer leurs objets, les distribuer dans les genres et dans les espéces particuliéres, ou s'élever par le rapprochement des individus, aux genres ou aux classes les plus étendues ; connoissances qui devoient servir de fondement à la vérité des jugemens et à la justesse des propositions.

Le professeur ne manquera pas de justifier dans les leçons ce qu'il annonce ici ; il en assignera les véritables causes ; la principale est celle-ci : c'est qu'il n'y a ni mode ni qualité dans la nature, pour l'homme de la nature.

Aussitôt que l'esprit, impatient des entraves qui embarrassoient sa marche, eut appellé la comparaison à son secours, il ne tarda pas à voir dans la nature, des formes communes qui rapprochoient une foule d'objets et en faisoient autant de familles. Les différences qu'il apperçut dans plusieurs, lui firent conclure avec raison qu'il y avoit des formes séparables des sujets ; qu'on pouvoit abstraire ces formes, et par conséquent les généraliser et les considerer indépendamment des substances qu'elles modifioient ; de là, l'idée du *modificatif* ou de la qualité sur-ajoutée, et celle du sujet qui en est le support : dès-lors tout se classa, tout s'ordonna ; la clarté et la précision commencérent à être soupçonnées, et on les vit naître de la facilité d'abstraire.

Le professeur indiquera une méthode propre à conduire les élèves des écoles primaires à toutes les abstractions, par une opération très-simple, très-facile, qui rendra l'abstraction visible, en quelque sorte.

Que pouvoit-il manquer à des matériaux si heureusement préparés ? La partie la plus nécessaire, le lien qui devoit les unir et donner la forme à tout l'édifice ; enfin, le mot le plus essentiel à l'art de la parole, le mot qui sert à rétablir ce qu'a détruit l'esprit par l'abstraction, le mot qui fait à lui seul le jugement et la proposition ; ce mot si nécessaire, qu'on ne pourroit le supprimer sans isoler des idées qui s'appelloient les unes les autres par les convenances les plus intimes, sans ôter à la phrase cette sorte de vie qui, en liant toutes ses parties, les anime et les vivifie, quelles que soient les opérations qu'elles énoncent, soit phisiques, soit intellectuelles; ce mot est le mot par excellence, le mot que les latins ne connoissoient sous aucune autre dénomination que sous celle de toute l'espèce.

Le professeur prouvera que tous les verbes peuvent être rappellés et reduits à un seul; que celui-là tout seul, mérite le nom de *verbe*; il dira comment, dans les écoles primaires, la conjugaison de tous les verbes français peut également être reduite, toute multipliée qu'on l'a rendue, à une seule conjugaison. Il fera voir comment on peut simplifier la théorie des tems, en les distribuant en deux classes, les uns considérés comme *absolus*, les autres comme *relatifs*.

A l'invention de la parole succéda, mais à de très-grands intervalles, l'art de la peindre et de lui donner, d'abord par des signes hyérogliphiques, puis par des signes écrits, une sorte d'immortalité que l'invention de l'imprimerie lui assure à jamais. L'histoire de cette découverte ne peut être indifférente à ceux qui sont destinés à faire connoître ses avantages, et qui doivent en enseigner la théorie.

Le professeur l'exposera de manière à pouvoir être mise à la portée des élèves des écoles primaires.

De nouvelles lumières et de nouveaux besoins perfectionnèrent l'art de la parole déja si merveilleux : la nécessité de répandre plus de clarté, et de donner plus d'exactitude à la communication des idées, donna lieu à la recherche de formes constantes qui asservirent le langage à des lois dont la raison donnera les principes; de là la grammaire générale dont les langues particulières ne sont que des idiomes, et comme des branches qui naissent d'un tronc commun.

Le professeur divisera en deux grandes parties tout ce qu'il a à enseigner : La grammaire générale et les grammaires parsieulières ; et des principes qu'il aura occasion de développer, naîtra, par voie de conséquence et comme résultat, l'ouvrage élémentaire qui pourra être propre aux Écoles Primaires.

L'intelligence humaine s'agrandit peu-à-peu , à l'aide des appuis des élémens de la parole ; les idées commencèrent à n'être plus isolées et à se groupper en tableaux variés. La période enfin se composa de tous les élémens du discours , et fit voir à l'homme étonné d'un tel prodige , tout ce qu'a voit pu faire l'homme en partant de la simple idée, du simple signe , de l'image unique , en passant par tous les milieux, pour arriver jusqu'à cette sublime conception grammaticale qui n'est peut-être pas un des moindres chefs-d'œuvre de l'esprit humain.

L'analyse de la période , de la phrase composée, de la phrase simple , les rapports de tous les mots entre eux , leurs rôles divers dans la proposition , leur signification propre et figurée, analogique et précise, toujours, tirée des objets physiques , lors même que cette valeur plus déguisée semble être plus abstraite et plus métaphysique, les racines du langage, la manière de les distinguer, de les classer, de les réduire au plus petit nombre possible. . . . . Tels sont les caractères distinctifs des grammaires particulières, toutes nées de la grammaire générale, toutes semblables , quant aux principes constitutifs du langage, et ne différant entre elles que par des accidens inconnus à l'homme de la nature, dont l'heureuse ignorance nous donne là-dessus tant d'utiles leçons.

Le professeur comparera entre elles quelques Langues modernes , pour l'application de ces principes , telles que le *français* , *l'italien* et *l'anglais* ; et il fera voir ce que ces langues ont de commun avec la *latine*, et ce qui les distingue.

Avantages de la comparaison de notre grammaire avec celle de l'homme de la nature dont on peut étudier la marche simple de l'esprit, en observant le sourd-muet de naissance,

quand on n'a pas la maladresse d'instruire celui - ci autre-
ment qu'en lui faisant recomposer à lui-même la grammaire
de notre langue. Nécessité de refaire nous-mêmes cette grammaire , qui dans les classes secondaires et autres, doit un
jour servir de base à celle des langues anciennes dont la
connoissance , aumoins pour la latine, est indispensable pour
completter un cours d'éducation. Vices des anciennes méthodes:
avantages d'une nouvelle où l'on verra naître de trois élémens
principaux tous ceux de la parole, applicable aux langues
analogues et aux langues transpositives , où l'on croit voir
des inversions qui semblent commandées pour le seul charme
de l'oreille et à cause du nombre et de l'harmonie , et qui
n'existent dans la réalité que pour les peuples dont les langues
pauvres et peu philosophiques composées des débris de la
latine , au lieu de suivre l'ordre naturel des idées , suivent
mécaniquement et d'une manière nécessairement monotone,
l'ordre matériel de leur construction grammaticale.

Tous ces objets sont du ressort du professeur de l'art de la
parole, tel que le concevoit Quintilien, et non tel qu'on le
croit de nos jours où l'on borne toute sa science à la connoissance des parties du discours, de la conjugaison, de la
syntaxe ; cercle infiniment étroit où l'analyse , sans laquelle
il n'y aura jamais de vraies connoissances , n'a rien à faire ,
où la raison est presque nulle, où la mémoire fait tout.

Il est tems enfin de renoncer à un si étrange renverse-
ment d'idées, et de faire justice de cette marche routinière qui
jusqu'ici nous avoit contraints de nous traîner servilemens
sur les pas de nos prédécesseurs. Il est tems de restituer à
des êtres qu'on avait dégradés en les rendant imitateurs
seulement , faits pour trouver tout seuls la vérité, toute leur
excellence. Il est tems qu'ils marchent seuls dans les routes
qui y conduisent. Il est tems enfin que l'homme pense, et
qu'en apprenant l'art de parler et d'écrire , il apprenne

sur-tout le grand art de l'analyse qui produit tant de miracles dans la recherche de la vérité.

Il faut qu'à l'approche du sanctuaire de toutes les connoissances, il ne soit plus rebuté par les difficultés qui lui en défendoient l'entrée. Applanissons la route devant ce citoyen du monde : qu'une métaphysique facile, et dont il se croye l'inventeur, soit son guide ; sa mémoire sera toujours assez exercée quand on aura utilement exercé sa raison.

Le besoin de convaincre et de persuader, né du conflit des intérêts, des passions, des opinions diverses, fit inventer la logique et l'art oratoire qui sont aussi du domaine du langage.

Mais l'art de communiquer de la manière la plus prompte et la plus sûre, toutes ces connoissances, sera sur-tout la grande tâche de celui qui doit enseigner l'art de la parole ; il ne perdra jamais de vûe le but de l'école Normale, lequel est moins d'enseigner la science que d'indiquer la marche que doit suivre l'esprit dans l'étude qu'il en veut faire.

ANALYSE DE L'ENTENDEMENT.

Etenim *illuminationis puritas* et *arbitrii-libertas* simul
inceperunt, simul corruerunt : neque datur in uni-
versitate rerum tam intima simpathia, quam illa
veri et boni.

BACON.

LE plus bel attribut de l'homme, celui par lequel il occupe
la première place entre tous les êtres, au milieu desquels il
existe sur la terre, c'est *l'entendement*, c'est *la raison*. Tout ce
que fait l'homme, tout ce qu'il veut, et même, à beaucoup
d'égards, tout ce qu'il peut, dépend, en dernière analyse,
de la manière dont il sent les choses, dont il les voit, dont
il en raisonne, dont il les *entend*, en quelque sorte. Il y a
toujours dans sa pensée quelqu'image et quelqu'idée distincte
ou confuse, réelle ou fictive, vraie ou fausse, d'après laquelle
il conçoit ses desseins, il exécute ses ouvrages, il détermine
ses volontés et il accomplit ses actions. La foiblesse et la
puissance de l'homme, ses égaremens et sa sagesse, ses vices
et ses vertus, ses privations et ses jouissances, toutes ses
qualités et toutes ses destinées, sortent donc, comme de
leur source, de son *entendement*.

Malheureusement, *la raison* n'est pas une faculté qui soit
égale et constante, ni chez le même homme dans tous les
âges, ni chez tous les hommes dans la même nation, ni chez
les mêmes nations dans tous les siècles. Le germe paroît en
avoir été répandu à-peu-près universellement par la nature sur

CARAT.

F

les générations humaines ; mais dans le plus grand nombre des hommes, des peuples et des siècles, ce germe reste stérile : dans quelques-uns, le développement commence et s'arrête pour toujours aux plus foibles commencemens ; d'autres font plus de progrès ; mais ils entrent et s'avancent dans de fausses routes, et les acquisitions mêmes de l'esprit deviennent fatales à la raison humaine.

Dans aucun siècle, chez aucun peuple, et chez aucun homme, *la raison* n'a eu encore cette certitude, cet éclat, et cette étendue dont nous voyons évidemment aujourd'hui qu'elle est capable.

Une si grande inégalité dans la manière dont les hommes possèdent une faculté commune à tous, a dû être, et a été dans tous les tems un phénomène qui a singulièrement frappé les esprits : on a cherché les causes de ce phénomène ; et comme il n'étoit pas facile de les trouver, on en a imaginé d'étranges.

Tantôt, pour expliquer le génie qui distinguoit certains hommes et certains peuples, on a supposé qu'ils étoient inspirés par des dieux. C'est l'explication des tems où *la raison* étoit si rare, qu'elle devoit paroître étrangère à la nature humaine.

Tantôt, on a attribué la différence des esprits à la différence des ames ; et de deux mots qui expriment la même chose, lorsqu'ils expriment quelque chose de réel, on donnoit l'un pour la solution du problème que présente l'autre.

Tantôt, des philosophes qui se croyoient plus profonds et qui se rapprochoient au moins davantage de la nature, ont cru révéler son secret, en rapportant toutes les inégalités des esprits à la diversité des organisations. Selon eux, ces différences si marquées, si prodigieuses entre l'intelligence de deux hommes, tiennent à des différences imperceptibles et inassignables entre les organes de leurs sens et de leurs cerveaux ; et parce que cette cause est manifestement la vraie dans quelque cas, comme celui de l'imbécillité et de la folie, ils affirmoient qu'elle est la vraie dans tous les cas, qu'elle est générale. Peu s'en faut qu'ils n'aient fait croire que l'Enéide et le système de l'attraction, ont été comme gravés par la main de la nature sur les cerveaux de Newton et de Virgile.

Tandis que ces investigateurs audacieux de causes qui se dérobent à tous les sens, s'égaroient dans des hypothèses fondées sur des principes occultes, des hommes plus éclairés, parce qu'ils étoient moins ambitieux, apperçurent une cause qui étoit sous leurs yeux, et qui expliquoit, en grande partie au moins, cette humiliante inégalité des esprits. Cette cause, ils la virent dans la différence des circonstances, de la culture, des études, des méthodes et des travaux. L'existence de cette cause frappe tous les regards; elle est incontestable. L'existence des autres causes, si elle est réelle, se dérobe à tous les sens; elle est incertaine. Cette cause, quoiqu'il ne soit pas toujours possible de l'observer dans toutes ses manières d'agir, agit pourtant sous nos yeux; et il est facile de mieux diriger son action pour la rendre plus utile : les autres causes, quand elles seroient plus puissantes, agissent dans les profondeurs mystérieuses où elles se cachent; et il est inutile de s'en occuper, parce qu'il est impossible de les mieux diriger.

L'influence de la diversité des cultures n'est pas une hypothèse et un système; c'est un fait, et ce fait remplit l'univers et les siècles : il est répété de toutes parts dans l'histoire des individus, et dans l'histoire des nations. Quelle que fût, par exemple, l'organisation du cerveau de Newton, et du cerveau de Leibnitz, on est sûr que, si tous les deux n'avoient pas cultivé la géométrie, aucun d'eux n'auroit trouvé la méthode du calcul de l'infini. Les peuples qui, depuis Homère jusqu'à Philopœmen, ont vécu sur les côtes de l'Asie mineure, dans les Archipels, et dans le continent de la Grèce, ont pu être mieux organisés, pour les arts et pour la philosophie, que tous les autres peuples de la terre; mais s'ils n'avoient pas eu des institutions sociales singulièrement favorables à tous les genres

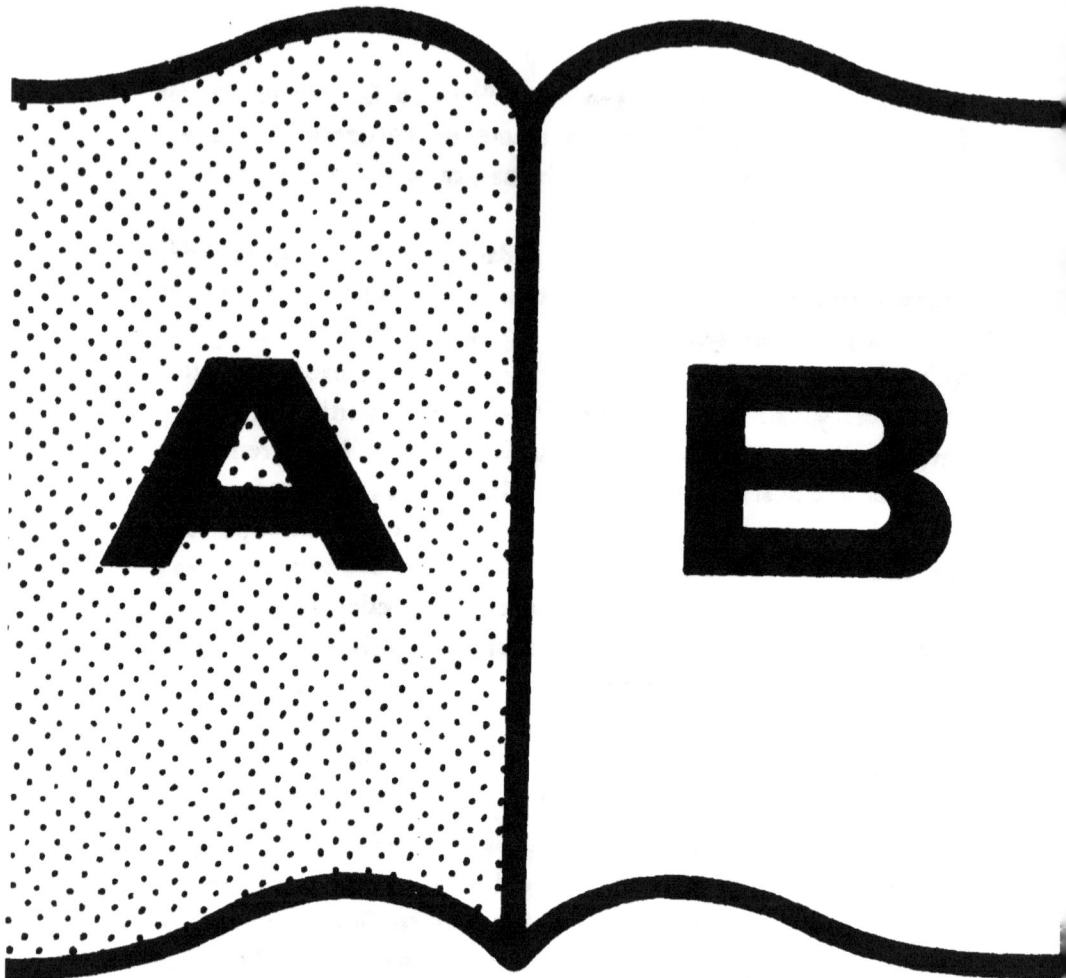

Contraste insuffisant

NF Z 43-120-14

de talens et de génie, aussi obligés de rester éternellement dans la barbarie d'où ils étoient sortis après des siècles de tâtonnemens, et dans laquelle the joug des Ottomans les a si rapidement replongés.

S'il étoit impossible de ne pas reconnoître cette influence de la culture sur les esprits, il étoit difficile aussi de ne pas comprendre que cette culture, pour produire tous ses bons effets, devoit être dirigée sur certaines règles. Elle a pour but de conduire les esprits à la vérité : on dut donc sentir, confusément au moins, le besoin de savoir par quelle route il faut marcher vers la vérité, et à quel signe on peut la reconnoître.

Les peuples qui ont le plus cultivé les arts et les sciences, ont pris tour-à-tour, ou à-la-fois, quatre espèces de guides pour s'avancer avec sûreté dans les routes de la nature et de la vérité : *le goût*; *l'induction*, c'est-à-dire, la méthode de Socrate et de ses élèves; *l'art syllogistique* d'Aristote et de son école; *la méthode des géomètres*.

Mais le goût jouit de ses erreurs comme de ses sensations les plus exquises; il peut facilement se tromper sans que rien l'en avertisse : son attribut, d'ailleurs, est de juger de la beauté plus que de la vérité : arbitre suprême et délicat au milieu des talens de l'imagination, il est comme étranger au milieu des sciences exactes.

La méthode de Socrate, ces questions inattendues d'une ignorance tantôt feinte et tantôt naïve; cette manière piquante de conduire ou d'induire l'esprit, d'une interrogation qui le surprend, à une réponse qu'il fait lui-même, et qui l'éclaire; *l'induction* est, sans doute, la meilleure méthode que l'instinct de la nature ait jamais donnée à un philosophe; elle est une espèce d'enquête de la vérité, sur faits et articles. Mais Socrate avoit comme rencontré cette méthode par un hasard heureux; il ne l'avoit pas trouvée dans l'analyse approfondie de l'esprit humain : on s'en servit, sans savoir par quelles questions il falloit commencer, passer, et finir. Des questions faites sans suite, amenoient des réponses sans liaisons; et il n'y a de lumière pure et étendue, que dans la liaison des idées. Ces interrogatoires confondoient les sciences fausses, et ne créoient pas la vraie science; elles conduisirent l'école de Socrate à un doute universel : c'étoit le point d'où il falloit partir, mais ce n'étoit pas le point où il falloit arriver et rester.

Le syllogisme réduit et enchaîne les propositions sous une certaine forme; il les serre et les presse sous un seul regard de l'esprit : mais le syllogisme n'atteint, ni aux fausses acceptions des mots où se cachent les erreurs, ni aux profondeurs de la nature où se cachent les vérités. C'est une espèce de pugilat de l'esprit, où l'esprit exerce, accroît, et perd ses forces sans faire aucune œuvre utile aux hommes.

Si, en effet, on avoit appliqué la méthode des géomètres à tous les genres d'idées, sans doute on auroit donné à toutes, l'exactitude rigoureuse de la géométrie; mais on a pris les formes des géomètres, et on n'a point pris leur méthode. On crut les imiter, on ne fit que les contrefaire. Pour les imiter réellement, il eût fallu mettre dans la langue de toutes les sciences, la précision qu'ils mettent dans leur langue; et alors leur langue, qui ne s'applique bien qu'à leurs objets, auroit été inutile. Cet appareil d'axiômes, de définitions, de scholies, de corollaires, dont on a défiguré plusieurs ouvrages qui ne sont pas de géométrie, n'a servi qu'à retrancher, pour ainsi dire, des notions vagues, confuses et fausses, derrière des formes imposantes et respectées.

Aussi, pendant qu'on célébroit de toutes parts les merveilles des ouvrages de goût; pendant que les sciences exactes opéroient des prodiges plus incontestables encore; pendant que le syllogisme, aux cent formes, faisoit retentir de ses cris toutes les écoles; pendant que l'induction présentoit la philosophie sous les formes plus attrayantes de la conversation et du drame, les erreurs anciennes s'éternisoient; de nouvelles erreurs naissoient et se multiplioient avec les nouveaux ouvrages ; partout on voyoit des opinions et des systèmes, nulle part la vérité et la nature ; et la sagesse même abandonnoit la perquisition des connoissances les plus nécessaires à l'homme , comme inaccessibles à toutes ses recherches.

Depuis le seizieme siècle, sept à huit philosophes , effrayés de cette impuissance de toutes les opérations, et de ce désordre confus de toutes les notions de l'esprit humain, ont pensé que pour bien le diriger il n'y avoit qu'un seul moyen , c'étoit de le bien connoître, de le suivre pas à pas dans tout ce qui lui arrive et dans tout ce qu'il fait, depuis les sensations qui lui sont communes avec les animaux , jusqu'aux conceptions les plus compliquées de la plus vaste intelligence.

Ce travail, commencé par Bacon, a été continué en Angleterre, en Allemagne et en France, par des hommes qui réunissoient à beaucoup de courage d'esprit, beaucoup de sagesse.

Le dessein seul de chercher par cette voie la bonne méthode, leur en donnant une meilleure que toutes celles qu'on avoit suivies jusqu'à eux , ils ont démêlé avec une sagacité infinie, ce que chaque sens en particulier porte dans l'entendement, et ce que tous y apportent en commun ; ils ont apperçu , et les causes des erreurs si fréquentes de nos sens, et les moyens par lesquels les sens corrigent eux mêmes leurs erreurs. En découvrant comment et pourquoi nos sensations sont si souvent confuses et fautives , ils ont découvert comment on peut les rendre distinctes , nettes et exactes; ils ont fourni les moyens d'épurer les sources mêmes de l'intelligence.

Passant de l'examen de nos sensations aux divers emplois que l'entendement en *fait*, c'est-à-dire aux *facultés* de l'entendement , ils ont démontré que toutes ces *facultés*, que l'*attention* , la *comparaison*, le *jugement* , la *réflexion*, la *mémoire*, l'*imagination*, le *raisonnement*, n'étoient que la sensation elle même prenant diverses formes, mais ne changeant jamais de nature. Cette découverte, qui peut paroître très-simple, et que tant de dogmes consacrés rendoient si difficile, leur a enseigné comment on peut rendre *l'attention* plus vive et plus soutenue, *la mémoire et l'imagination* plus fidelles, *le raisonnement* plus exact, *la réflexion* moins trainante, plus souple et plus agile.

Après avoir bien connu les sources où puise l'entendement, et les facultés avec lesquelles il y puise, ils ont porté leurs observations sur les idées que l'esprit humain conçoit des choses, sur les notions qu'il s'en forme ; ils ont démêlé, distingué et défini tout les genres et toutes les espèces d'idées ; ils en ont tracé, en quelque sorte, une généalogie dans laquelle les premières, celles d'où naissent toutes les autres, sont les images des objets extérieurs, et dans laquelle les dernières, les conceptions les plus intellectuelles, sont encore, ou des divisions ou des réunions de ces images : ils ont frayé et applani, pour les esprits les moins attentifs, la route qui conduit des sensations aux abstractions, et qui ramene des abstractions aux sensations. Avec cet art, dont ils ont été les premiers maîtres, celui qui le possède a pu décomposer les notions les plus chargées d'idées diverses, avec autant de facilité qu'un horloger décompose, en toutes ses parties, la montre dont il est l'ouvrier. A l'instant où l'artifice de toute cette formation de nos idées a été bien connu, à l'instant où on a bien vu comment toutes nos idées se font, on a touché à l'art de les faire mieux ; et c'est alors, mais alors seulement, qu'on a pu sans témérité entreprendre l'exécution de ce grand dessein conçu par Bacon, de refaire toutes nos idées, de recréer l'entendement humain.

Pour l'exécution d'un pareil ouvrage, il étoit nécessaire, et de bien connoître et de perfectionner tous les instrumens dont on doit se servir : l'attention des philosophes dont je parle se fixa sur les langues. Quel fut leur étonnement ! En ne considérant les langues que comme des instrumens nécessaires pour communiquer nos pensées, ils découvrirent qu'elles sont nécessaires encore pour en avoir : ils s'assurèrent, et ils démontrèrent que pour lier ensemble des idées, que, pour en former des jugemens distincts, il faut les lier elles-mêmes à des signes ; qu'en un mot, on ne pense que parce qu'on parle, que parce qu'on fixe et qu'on retient devant son esprit, par la parole, des sensations et des idées qui s'échapperoient et s'évanouiroient de toutes parts ; et que l'art de penser avec justesse, est inséparable de l'art de parler avec exactitude. Depuis cette découverte, l'une des plus belles de l'esprit humain, qui est démontrée et qui aura long-tems encore l'air d'un paradoxe, les langues ont pris devant les vrais philosophes une importance qu'elles n'avoient point encore. La parole dont les uns se servoient comme à regret, et dont les autres se servoient comme d'une vaine parure, a été associée à tous les soins et à toutes les méditations qu'on a données aux choses et aux pensées : et le génie a perfectionné les langues, parce qu'il les a respectées. A peine la chimie a appris à parler la nouvelle langue qu'on lui a créée, elle s'est enrichie d'une multitude de découvertes nouvelles.

Après qu'une lumière si éclatante avoit été répandue sur les sources, sur les facultés et sur les procédés de l'esprit humain, il n'étoit plus besoin de chercher la meilleure méthode ; elle étoit trouvée. La bonne méthode, en effet, ne peut être que l'art de multiplier et d'étendre les sensations distinctes et bien vérifiées ; de diriger les opérations de l'esprit, conformément à la nature de ses facultés ; de posséder le secret de la formation des idées de tous les genres, pour voir toujours clairement comment on les a faites, et ce qu'elles représentent ; de parler enfin avec précision, concision et liaison, pour donner à toutes les pensées, de la netteté, de la certitude et de l'étendue. Avec une pareille méthode on pourra se tromper encore, mais il sera facile de découvrir si l'erreur est dans la manière dont on a senti, dont

on

on a opéré, dont on a fait les idées, dont on les a rendues ;
et dans quelque coin de l'entendement que se cache l'erreur.
on pourra l'y poursuivre et l'en chasser. C'est ainsi que les
arithméticiens découvrent et corrigent très-promptement un calcul
mal fait, parce que, connoissant parfaitement l'artifice de toutes
les parties de leurs opérations, ils repassent rapidement, et de
plusieurs manières, sur toutes ces parties.

Cette méthode ne s'applique pas seulement à quelques genres
de connoissances ; elle s'applique à toutes : chaque science a
des signes et des procédés qui lui sont propres ; mais tous
leurs procédés et tous leurs signes, quand ils sont exacts,
sont conformés à cette méthode qui est celle de l'esprit humain.

On a rapproché de cette méthode, celle qui a dirigé les
magnifiques découvertes faites depuis Galilée dans les sciences
exactes et physiques ; on a vu qu'elle est la même, et que les
routes trouvées par les Bacon et par les Locke dans l'analyse de l'esprit humain, sont précisement les routes qui ont
été suivies par les Galilée, par les Huyghens et par les
Newton. Enfin, on avoit cherché des méthodes particulières
pour créer, des méthodes particulières pour juger, des méthodes particulières pour rendre les idées ; et cette méthode,
à elle seule, est la meilleure pour l'art de rendre, de juger,
et de créer les idées.

Tel est l'objet qui sera traité dans ce cours : pour le bien
déterminer, pour le faire connoître, j'ai été obligé d'en faire
comme l'histoire. Il n'a pas encore dans notre langue, ni peut-
être dans aucune langue de l'Europe, une dénomination précise
qui, par un seul mot, en réveille toute l'idée. On l'appelle
communément *métaphysique* ; mais ce mot n'en donne pas
une idée vraie, et il en donne une idée effrayante : c'est ce
mot qui le fait confondre si souvent avec cette science téné-
breuse des anciennes écoles qui s'appelloit aussi *métaphysique*, et

G

qui discourant sans fin sur les *essences des êtres*, sur les *modes*, sur *les accidens*, sur les *substances spirituelles et non spirituelles*, répandoit ses ténèbres sur les idées les plus simples et les plus claires. Le premier soin des philosophes dont j'ai rappellé les travaux et leur premier succès, a été d'étouffer cette fausse science après l'avoir couverte de tous les ridicules qu'elle méritoit: confondre leur art avec elle, sous la même dénomination, c'est donc confondre la lumière avec les brouillards qu'elle a dissipés.

Charles Bonnet a substitué sur le frontispice de l'un de ses écrits, au mot *métaphysique*, le mot de *Psycologie*; et Condillac l'a proposé, sans l'adopter pour ses ouvrages. Le choix de ce mot ne me sembleroit point heureux : il ne reçoit presqu'aucune clarté de notre langue, parce qu'il ne s'allie à presqu'aucun de ses mots : par son étymologie il remonte à l'idée de l'ame plutôt qu'à l'idée des opérations de l'esprit humain: il donneroit l'air d'une science, et d'une science à part, à un genre de connaissance qui, par sa nature, doit devenir universelle et familière à tout le monde.

J'ai adopté la dénomination de Locke, qui a intitulé son livre : *essai sur l'entendement humain*. Il est vrai que ces mots, *essai sur l'entendement* et *analyse de l'entendement*, forment une phrase, plutôt que le nom simple d'une chose; ils indiquent un travail sur un objet, plutôt que cet objet même. Ce n'est point là une dénomination; mais ces mots font entendre assez clairement et assez brièvement ce qu'on se propose : c'est là l'essentiel.

L'objet de ce cours est, comme on voit, une science toute nouvelle. Son origine ne remonte pas plus haut que Bacon. Elle est née au moment où toutes les sciences réelles alloient naître : elle a assisté, et même présidé à la naissance de plusieurs. Les sciences fondées sur le calcul et l'observation, les mathématiques et l'astronomie, lui ont prêté beaucoup de leurs lumières, mais elle en a répandu bien davantage sur les sciences physiques et morales, qui n'ont appris que d'elle à marcher dans les routes où elles font aujourd'hui tant de belles découvertes. C'est elle qui a servi, pour ainsi dire, d'intermédiaire et d'interprète entre les sciences exactes, physiques, et morales pour leur faire connoître ce qu'elles avoient de commun, sans s'en douter, et pour leur ouvrir de nouvelles communications, auxquelles elles ne pensoient pas. Si on regarde à la certitude de cette nouvelle science, elle est égale à celle des sciences physiques, elle est la même: car elle est fondée également sur l'observation des faits et des phénomènes. Si on regarde à l'intérêt que son objet présente, il ne peut pas être plus grand; ce sont les phénomènes et les opérations de l'esprit humain, c'est-à-dire ce qu'il y a de plus beau et de plus parfait dans les êtres connus. Si on regarde à son utilité, elle ne peut pas être plus étendue; car c'est l'art de diriger dans tous les genres, tous les esprits à la vérité. *S'il est permis*, dit Bacon à ce sujet, *de mesurer chaque chose par la dignité qui lui est propre, les méthodes universelles de la science sont pour toutes les autres sciences, comme des clefs : et de même que la main est l'INSTRUMENT DES INSTRUMENS, l'intelligence humaine, le DESSEIN DES DESSEINS; de même ces méthodes générales doivent être considérées comme LES ARTS DES ARTS : elles ne dirigent pas seulement l'esprit, elles le fortifient : de même que l'exercice habituel de tirer des flèches, ne fait pas seulement que vous mirez avec plus de justesse, mais que vous tendez un arc plus fort avec plus de vigueur* (1).

_____

(1) Ceterùm unamquamque rem, propriâ si placet dignitate metiri, *rationes scientiæ*, reliquarum omninò claves sunt; atque, quemadmodum *manus instrumentum instrumentorum*, *anima*, *forma formarum*, ità et illæ *artes artium* ponendæ sunt; neque solùm dirigunt, sed et roborant; sicut sagittandi usus, et habitus non tantùm facit ut meliùs quis collimet, sed ut arcum tendat fortiorem.

GÉOGRAPHIE.

LA terre est la demeure de l'homme ; les biens qu'il en obtient forment sa propriété naturelle ; il étoit de son devoir et de son intérêt de chercher à connoître, dans ses détails, l'étendue et les avantages d'un si beau domaine. En suivant la marche que dûrent suivre les premiers qui en eurent la pensée, il sembleroit conforme à l'ordre des idées de calquer, pour ainsi dire, nos études sur les leurs, en parcourant d'abord toute la surface du globe, pour en connoître les formes et les grandes divisions.

Mais, comme dès les premiers tems, trompé par son ignorance, et depuis, égaré par des cosmogonies absurdes, l'homme s'imagina que la terre étoit le centre commun de tout l'univers, et qu'il y devoit rapporter les mouvemens de tous les corps célestes. Il convient de prévenir, dès le commencement de nos études, ce préjugé, d'une vanité ridicule, démenti par les faits.

Après avoir donc donné une idée générale de la géographie, comme *description de la terre*, nous la considérerons :

I. Premièrement comme une simple planète, assujettie, dans ses mouvemens, à la puissance active du soleil. C'est dans cette partie, que l'on traitera de la figure de la terre, de son mouvement sur deux points appelés *pôles*, et de sa révolution annuelle, d'où la géographie tire les inductions qui lui servent à expliquer la vicissitude des saisons, la succession des jours et des nuits, ainsi que les latitudes et les longitudes qui servent de base à la géographie, au moyen des cercles qu'elle a empruntés de l'astronomie, l'équateur, l'horizon, le méridien, l'écliptique, les tropiques, etc.

On considérera de même les principales divisions mathématiques qui naissent de l'application rationelle de ces cercles sur le globe, telles que ces bandes circulaires, de trois espèces différentes, relatives à la température, et qui en ont pris les noms de zône *torride*, *tempérée* et *glaciale*.

Ces différentes vérités, apperçues et démontrées par une théorie savante, et par une longue suite d'observations, n'en existeroient pas moins, ou du moins seroient supposées exister par rapport au globe terrestre, quand même ce globe seroit sans productions et sans habitans. Il est vrai qu'elles n'ont été communiquées au géographe que par l'astronome ; c'est pourquoi cette partie a été nommée *géographie mathématique* ou *astronomique*.

II. Mais la terre, étant une planète habitable, il convient d'en connoître la forme extérieure, les productions de tout genre, la nature des êtres qui l'habitent ; c'est ce qui a fait donner à cette division de la géographie, le nom de géographie *physique*.

La direction des grandes chaînes de montagnes, a tant d'influence sur le physique des pays et le moral des peuples ; leurs différentes hauteurs modifient si impérieusement l'état de l'atmosphère et la végétation ; leur existence au travers des plus grandes mers, est tellement démontrée par la suite des îles, bancs de sables, vigies qui n'en sont que les sommités, que ces considérations doivent porter tout esprit attentif, à suivre dans ses études ces grands travaux de la nature qui ne nous dévoile pas les causes, mais nous montre par-tout de grands résultats.

Les propriétés particulières de chachune des productions intérieures et extérieures de la terre, soit pour ce qu'elles ont de nuisible, soit pour les avantages que l'on peut en retirer, imposent au géographe la nécessité de les faire connoître, non pas, il est vrai, comme le naturaliste qui les décrit, ni comme le chimiste qui les analyse, mais comme indiquant aux uns et aux autres les lieux où ils doivent les chercher.

On peut dire des êtres qui se trouvent à la surface de la terre, à-peu-près, ce que l'on a dit de ses productions. Laissant à la physique la cause des variétés de l'espèce humaine et animale, à la morale, les effets de l'influence des climats sur les mœurs, la géographie en indique les généralités et les variétés remarquables. Elle promène l'observateur dans les différentes régions du globe, et lui montre l'homme, très-blanc, au centre de l'Europe, et très-noir, au centre de l'Afrique ; d'une stature fort haute, à l'extrémité australe de l'Amérique, et d'une difformité affligeante, à l'extrémité septentrionale des deux continens. De même entre la phisionomie ronde du Chinois, et les traits féroces du Caraïbe, il existe mille nuances qui sont aussi du ressort du géographe. Il doit de même indiquer les grandes espèces d'animaux qui partagent avec l'homme le domaine de la terre.

L'homme lui-même ajoute aux avantages qu'il tient de la nature, soit en les modifiant, soit en en dirigeant l'emploi vers le but le plus utile : c'est ainsi qu'il a, dans beaucoup de lieux, changé et amélioré l'état de l'atmosphère, par de nombreux établissemens et par une grande culture. C'est donc encore à la géographie-physique, à expliquer la cause des changemens arrivés dans plusieurs grandes parties de l'Europe, de l'Asie et de l'Amérique. C'est elle qui nous apprend comment cette Germanie, si froide et si inculte aux tems des romains, est devenue depuis plusieurs siècles, si peuplée, si fertile et si salubre ; et comment l'Anatolie, pays si riant, si cultivé et couvert d'un peuple ami du luxe et des arts, plusieurs siècles avant l'ère moderne, s'est enfin changée en des lieux barbares où le voyageur ne retrouve qu'après de long intervalles, les graces éparses de tant de prospérité et de splendeur !

III. Cette idée, de l'influence de l'homme sur les propriétés des terres qu'il habite, conduit naturellement à l'établissement des grandes sociétés, des empires, enfin, de tous les corps politiques, qui ont existé ou qui existent actuellement. C'est-là proprement l'objet de la géographie *politique*.

C'est à cette partie de la géographie, à montrer les hommes en correspondance entre eux par leurs besoins mutuels, donnant naissance aux arts plus ou moins utiles aux besoins de la vie, source de tous les rapports, et au commerce, source de toutes les richesses. C'est elle qui, traitée comme elle doit l'être, offre à l'histoire la situation des peuples et la position des lieux dont elle s'occupe; au commerce, les comptoirs vers lesquels il peut diriger son active industrie; à la politique, les rapports sur lesquels elle peut établir les bases de ses traités, et régler la balance de ses opérations. Les détails qu'offre cette partie sont immenses.

Mais on céderoit à un préjugé nuisible aux progrès du savoir, si l'on jugeoit de la difficulté d'étudier la géographie, par la foule d'objets qu'elle présente.

On sent bien qu'il n'est pas nécessaire, qu'il est même impossible qu'un même homme retienne dans sa mémoire toute ce qui particularise chaque localité. La méthode la plus sure, la plus profitable, est de bien saisir l'ensemble, tant dans la géographie physique, que dans la géographie politique. La plus légère attention suffit pour convaincre de cette vérité : que ce qui est dit d'une montagne ou du lit d'un fleuve, peut être dit du lit d'un autre fleuve ou d'une autre montagne, dès qu'il y a conformité entre ces objets : mêmes causes, mêmes effets, quant aux saisons des pluies, quant à la pérennité des sources ; même rapport entre la nature des terrains et les propriétés de leurs productions. Ainsi une première instruction bien conçue, bien développée, peut mettre promptement en état de juger d'un pays par un autre, sur-tout si l'on ne perd pas de vue, les variations dépendantes des causes accidentelles.

Quant à cette partie qui effraye ordinairement les hommes déjà instruits, et que recueille si aisément et si souvent sans fruit une jeunesse active, la *nomenclature*, elle n'est réellement difficile que parce que, c'est ordinairement sans aucune méthode, que l'on cherche à se l'approprier, parce qu'en étudiant la géographie, on s'attache plus volontiers à la lecture des méthodes qu'à l'étude des cartes. C'est pourtant à cette étude des cartes qu'il faut essentiellement s'appliquer, car c'est-là qu'est l'image du pays, et l'on a eu raison de dire, sous ce rapport, que la *géographie est une science qui ne s'apprend bien qu'avec les yeux.*

Sur ces objets, sur les différentes méthodes, nous exposerons ce que la réflexion et l'expérience ont pu nous faire adopter de plus simple, et de plus surement utile.

LITTÉRATURE.

LE professeur traitera de l'éloquence, et particulièrement de celle des anciens, qui ont été les premiers maîtres de cet art, dans les deux genres les plus importans, le *délibératif* et le *judiciaire* : sous ce rapport, les républiques sont la patrie de l'éloquence. Il n'est donc pas étonnant qu'elle se soit comme naturalisée chez les peuples qui ont été long-tems libres.

Il analysera les principes généraux de l'art, et en démontrera la vérité, en les appuyant par des exemples tirés des classiques grecs et romains, et par des résultats politiques et historiques. Il y joindra le développement des moyens d'appliquer ces principes féconds et invariables à l'étude de l'éloquence française, et d'acquérir l'habitude d'opiner et de haranguer sur-le-champ, suivant les règles de la logique, et avec les formes oratoires.

La littérature est proprement l'étude et la connoissance des belles lettres, des lettres humaines, *humaniorum litterarum*, comme les appelloient les anciens, qui avoient compris que l'homme sans instruction est au dessous de son espèce, et n'a pas atteint le complément de sa nature. Il y a loin de cette incontestable vérité, à ces étranges paroles de J. J. : *l'homme qui pense est un animal dépravé* : si cela étoit vrai, qui auroit été plus *dépravé* que Rousseau lui-même ? auroit-il admis la conséquence plutôt que de démentir son paradoxe ? Que prouvent ces déplorables jeux de l'esprit et de l'imagination, si ce

H

n'est ce qu'a dit Cicéron, qu'il n'y a rien de si absurde que quelque philosophe ne se soit amusé à soutenir?

Une foule d'axiômes grecs et latins prouve le prix qu'ils attachoient à l'instruction, et le profond mépris qu'ils avoient pour l'ignorance. L'école du portique la regardoit même comme la source de tous les vices.

Du vieux Zénon l'antique confrérie
Disoit tout vice être issu d'ânerie,

a dit un poète; et cela est vrai dans ce sens, que l'ignorance et l'erreur entrent nécessairement dans les principes généraux du mal moral. Ainsi, quoique l'orgueil soit le premier mobile de toutes les passions, et par conséquent de tous les crimes, il n'est pas moins certain que l'orgueil lui-même n'est qu'une estimation erronée de nos facultés, et que toutes les passions qui naissent de l'orgueil ne sont qu'une estimation erronée des moyens de bonheur; et l'adage de Zénon reste dans toute sa force.

Objectera-t-on, pour la centième fois, l'abus qu'on a fait ou qu'on peut faire de la science, des arts, des talens? Lieu commun de rhéteur, qui fait pitié au logicien! il en résulte seulement qu'il est de l'homme d'abuser de tout, parce que l'imperfection est de l'homme. Belle découverte! Mais la logique enseigne que tout principe, dont les conséquences sont absurdes, est essentiellement faux : or, s'il falloit proscrire tout ce dont on abuse, il faudroit donc proscrire tout ce qui est bon en soi, car on n'abuse que de ce qui est bon, les loix, la liberté, toutes les vertus, toutes les vérités; car quel abus n'en a-t-on pas fait? la conclusion est rigoureuse et inévitable : jugez de l'absurdité du principe.

Les faits sont encore plus concluans peut-être que les raisonnemens, ou plutôt les faits sont une sorte de raisonnemens à la portée de tout le monde; et s'il restoit encore des partisans de l'ignorance, autres que ceux qui en ont besoin comme d'un moyen d'oppression, nous avons malheureusement acquis une preuve de fait plus frappante et plus terrible que toutes celles qui se présentoient auparavant. En effet, pourquoi la tyrannie de nos derniers oppresseurs a-t-elle passé de si loin tout ce que nous avions vu dans l'histoire des crimes ? Pourquoi ceux qui ont dans leur mémoire les siècles passés, reconnoissent-ils en gémissant que l'époque dont nous sortons est celle d'une dégradation de la nature humaine qu'on n'auroit pas même crue possible ? c'est que toute la politique de nos tyrans consistoit à donner tout pouvoir de mal faire à cette espèce d'hommes qui sont la lie de toutes les grandes nations, à ceux qui n'ont rien, ne font rien et ne savent rien ; et de cet assemblage de dénuement, de fainéantise et d'ignorance, se compose ce qu'il y a de pis dans l'humanité : on en peut juger par ce qu'ils ont fait. Mais remarquez en même tems que cette politique de nos tyrans, même indépendamment de l'extrême atrocité, étoit encore une extrême bétise, une *ânerie*, pour me servir de l'expression du poète que j'ai cité ; car, qu'y a-t-il de plus sot que d'envahir tout sans pouvoir rien garder, et de dresser des échafauds pour finir, inévitablement, par y monter soi-même ? c'est ce qui étoit démontré, dès le premier jour, à tout homme de sens ; et le plan qu'ont suivi *les monstres* sera regardé dans l'histoire, non-seulement comme un prodige de scélératesse, mais comme un prodige de stupidité.

L'homme sans culture, s'il est né avec de mauvaises inclinations, est féroce, et ses vices deviennent des crimes ; s'il n'est pas mal né, il est toujours prêt, faute de lumières, à devenir l'instrument et la dupe de la méchanceté d'autrui : ce sont là de vieilles vérités ; mais après une éclipse de la raison, elles peuvent paroître toutes fraiches et toutes rajeunies, comme la lumière du jour semble nouvelle, quand le soleil a été éclipsé en plein midi.

H 2

Nos législateurs l'ont bien senti, et c'est avec des intentions aussi éclairées que bienfaisantes, qu'ils se sont hâtés d'édifier, quand jusqu'ici l'on n'avoit su que détruire. Ils ont voulu allumer dans la capitale un foyer dont la chaleur et les rayons pussent se répandre dans toutes les parties de la république : il étoit juste que de toutes parts on s'empressât de seconder leurs efforts ; et l'heureuse affluence qu'attirent les écoles qu'ils ont ouvertes, est une preuve que l'amour du savoir est naturel en France, et que la barbarie ne peut y être qu'étrangère. Les sciences et les lettres, nécessaires à la civilisation sous tous les rapports, ont encore pour nous, en ce moment, un nouveau prix et un avantage inestimable : c'est d'adoucir les mœurs qui, dans les révolutions, tendent plus ou moins à la férocité, de calmer et de diriger les esprits qu'une longue agitation tend à fatiguer et à égarer : ce pourroit être le sujet de quelques réflexions utiles ; mais, borné par le tems et les circonstances, je me hâte d'arriver avec vous à l'objet particulier de ce cours.

La littérature, telle que je l'ai conçue, comprend tout ce que les anciens attribuoient au grammairien, au rhéteur, au philosophe, et n'exclud que les sciences physiques, les sciences éxactes et les arts et métiers ; elle peut se diviser en six parties principales ;

1°. La grammaire raisonnée, ou la métaphysique des langues, qui apprend à saisir les rapports essentiels entre les opérations de l'entendement, et les différens modes d'expression :

2°. La poésie, le premier des arts de l'imagination, qui dans son vaste et brillant domaine embrasse tant de genres de composition et de fiction, l'epopée, la tragédie et la comédie, le mélodrame, les vers lyriques, la fable, le conte, la satire, l'épître, etc.

3°. L'art oratoire, le grand art des peuples libres, chez qui la parole est une magistrature :

4°. La philosophie, celle qui s'applique aux notions générâles de l'être, aux actes de la faculté intelligente, aux droits et aux devoirs de l'homme, au bonheur qui peut résulter des uns et des autres, ce qui comprend la métaphysique, la logique, la morale et l'économie politique :

5°. L'histoire, non pas sous le rapport de la chronologie et des annales, ce qui est proprement de l'historien, mais comme résumé de l'étude des faits, qui conduit à la connoissance de l'homme, et de la lecture réfléchie des historiens, qui enseigne à juger leur manière de penser, de raconter et de peindre.

6°. La critique, c'est-à-dire les principes du goût, fondés sur la raison et les convenances, recueillis dans tous les siècles, attestés par les résultats de l'expérience et la comparaison des objets, et reconnus par le suffrage de toutes les nations éclairées.

Il n'est pas besoin de dire qu'un tel ensemble n'appartient dans toute son étendue à aucun littérateur en particulier : chacune de ses parties suffiroit pour occuper et remplir la vie d'un homme. J'en parle ici comme Cicéron parle de l'orateur quand il denombre toutes les connoissances qu'un orateur parfait doit réunir. Il ne prétend pas qu'on les possède toutes au même degré, mais qu'on ne soit étranger dans aucune : de même chaque littérateur cultive et approfondit plus ou moins, suivant son goût et ses moyens, chacun des objets que j'ai tracés ; mais tous lui doivent être familiers. Les choses sont plus grandes que les hommes, et c'est une sage disposition du créateur, afin que l'homme ait toujours à apprendre, et jamais à s'énorgueillir. Il y a jusques dans les subdivisions de cette division générale que j'ai marquée, tel genre de connoissances qui a fait l'occupation spéciale de bien des savans. Dans la seule critique, par exemple, l'examen des textes anciens, qui n'est qu'une branche particulière, a produit cette foule de commentateurs, de glossateurs, de scholiastes, qui ont laborieusement vieilli sur de vieux manuscrits ; et nous en avons encore qui sont de la même famille, et qui ont hérité

de la même passion. On rit volontiers de la sorte de complai-
sance et même d'enthousiasme qu'ils mettent dans leurs recherches ; souvent elles sont futiles , mais quelquefois aussi
instructives ; et ne faut - il pas savoir quelque gré aux gens
qui perdent du tems pour nous en faire gagner ? et ce tems
même est-il perdu , puisque ces infatigables scrutateurs sont
quelquefois utiles, et toujours contens ? Pour moi je remercie
la nature de cette prodigieuse diversité de goûts et de pen-
chants , qui fait que l'un se passionne toute sa vie pour ce
qui n'amusera ou n'occupera un autre que quelques heures.
C'est ainsi que s'établit le commerce d'échanges entre tous les
esprits , comme celui des denrées de chaque peuple entre les
besoins de tous.

Il faut donc se borner et choisir. La grammaire , la philosophie , l'histoire , ont ici des professeurs , dont le nom et les
écrits sont un sûr garant de leurs succès. La poësie est une
espèce de luxe , un superflu , si l'on veut , mais pourtant de
ce superflu dont Voltaire a dit fort à propos :

Le superflu, chose très-nécessaire ;

et cela est vrai des arts dans l'ordre social , et parconséquent
dans l'ordre politique , liés entre eux par des rapports si intimes , que jamais un bon gouvernement ne doit séparer l'un
de l'autre. Mais nous avons aujourd'hui des choses plus pressées
que la poësie , quelque respect que j'aie pour elle. Il faut
bâtir sa maison avant de l'orner. On ne bâtit l'édifice politique qu'avec la raison , et la raison a besoin d'éloquence.
Occupons-nous donc d'abord de l'éloquence. Tâchons de former des orateurs , puisque nous formons une république. On
a dit que les poëtes naissoient , et que les orateurs se faisoient : *nascuntur poëtæ : fiunt oratores.* Mais il ne faut pas toujours
prendre les proverbes à la lettre. Je crois fermement que les

grands orateurs comme les grands poëtes, sont des enfans privilégiés de la nature, et c'est la seule espèce de privilèges qui soit respectable, si ce n'est pour l'ignorance et l'envie. Mais pourtant il est vrai de dire que l'art donne plus aux uns qu'aux autres. C'est quelque chose que de parler raisonnablement, et cela peut s'apprendre ; d'ailleurs, la médiocrité en poësie est insuportable, en raison de l'inutilité : mais dans les assemblées délibérantes un talent médiocre peut être prisé, parce qu'il peut y être utile, et pour des républicains l'utile et l'honnête sont avant tout.

ARRÊTÉ

DES

REPRÉSENTANS DU PEUPLE

PRÈS LES ÉCOLES NORMALES.

*Du 24 nivôse, l'an 3 de la République Française,
une et indivisible.*

ARTICLE PREMIER.

LA séance commencera tous les jours à onze heures du matin, et finira à une heure un quart.

ART. II.

Les travaux scholaires seront distribués dans l'ordre suivant :

Primidi et sextidi	1°. Mathématiques	{	Lagrange, Laplace.
	2°. Physique		Haüi.
	3°. Géométrie-descriptive		Monge.

Duodi ⎰ 1°. Histoire naturelle . . . . *Daubenton.*
et septidi. ⎱ 2°. Chimie . . . . *Berthollet.*
⎰ 3°. Agriculture . . . . *Thouin.*

Tridi ⎰ 1°. Géographie . . . . *Buache* et *Mentelle.*
et octidi. ⎱ 2°. Histoire. . . . . *Volney.*
⎰ 3°. Morale. . . . . . . *Bernardin-Saint-Pierre.*

Quartidi. ⎰ 1°. Art de la parole . . . . *Sicard.*
et nonidi. ⎱ 2°. Analyse de l'entendement . . . . *Garat.*
⎰ 3°. Littérature . . . . *Laharpe.*

ART. III.

Les *quintidi*, les professeurs des Ecoles Normales réunis, auront, en présence des élèves, une conférence à laquelle seront invités les savans, les gens de lettres et les artistes les plus distingués.

ART. IV.

Ces conférences auront principalement pour objet, la lecture et la discussion des livres élémentaire à l'usage des Ecoles Primaires de la République.

ART. V.

Les Ecoles Normales vaqueront les *décadi*, les élèves se répandront dans les bibliothèques, les observatoires, les muséum d'histoire naturelle et des arts, les conservatoires d'arts et métiers, et dans tous les dépôts consacrés à l'instruction ;

I.

tous ces dépôts leur seront ouverts sur le vu d'une carte marquée au timbre du comité d'instruction publique, et signée des deux représentans du peuple près les Ecoles Normales.

ART. VI.

Les séances des Ecoles Normales seront alternativement employées au développement des principes de l'art d'enseigner exposés par les professeurs, et à des conférences sur ces principes, entre les professeurs et les élèves.

ART. VII.

Les conférences ne pourront jamais s'ouvrir que sur des matières traitées dans la séance précédente.

ART. VIII.

Aucun élève ne pourra prendre la parole, s'il ne s'est fait inscrire, et s'il n'est appelé par le professeur.

ART. IX.

Dans le cours des débats, le professeur pourra ajourner sa réponse à la séance suivante.

ART. X.

Les leçons, les débats et conférences qui auront lieu dans les Écoles Normales, seront recueillis dans un journal sténographique; ce journal sera distribué aux membres de la Convention nationale, aux professeurs et aux élèves des Écoles Normales; il sera envoyé aux administrations de district de la République, et à ses ministres, consuls et agens en pays étrangers.

LAKANAL, DELEYRE,

NOMS ET DEMEURES

DES PROFESSEURS.

LAGRANGE , rue Fromenteau , n°. 4 , section du Muséum.

LAPLACE , rue Grenelle-Honoré , maison du Couronnement Civique.

HAÜI , maison d'Instruction de l'Agence des Mines , rue de l'Université , n°. 191.

MONGE , rue des Petits-Augustins , n°. 28.

DAUBENTON , Jardin des Plantes.

BERTHOLLET , Agence de l'Agriculture et des Arts , rue Dominique, faubourg Germain.

THOUIN , Jardin des Plantes.

BUACHE , aux Galeries du Louvre.

MENTELLE , au Vieux Louvre.

VOLNEY , rue Nicaise , n°. 506.

BERNARDIN , chez Didot jeune , libraire, rue du Hurepoix.

SICARD , rue Jacques , maison Magloire.

GAZAT , à la Commission d'Instruction publique , rue de Vaugirard.

LAHARPE , rue du Hasard , n°. 2.

De l'Imprimerie de A. **** FORGET & compagnie , rue du Four-Honoré , n°. 487.

www.ingramcontent.com/pod-product-compliance
Lightning Source LLC
Chambersburg PA
CBHW070936280326
41934CB00009B/1899